MUJER Y... ¿SEXUALMENTE REPRIMIDA?

MUJER Y... ¿SEXUALMENTE REPRIMIDA?

Una guía para recuperar tus placeres y con ello tu vida.

VERÓNICA OLICÓN SÁNCHEZ

MUJER Y... ¿SEXUALMENTE REPRIMIDA?

Queda prohibido escanear, reproducir total o parcialmente esta obra por cualquier medio o procedimiento, así como la distribución de ejemplares mediante alquiler o préstamo público sin previa autorización.

Copyright © 2019 Verónica Olicón Sánchez.

All rights reserved.

*Para Ramón Eduardo Olicón Sánchez,
quien a su corta edad, la represión le parece absurda
y va al encuentro de su propia libertad.
Mi hijo, mi maestro y mi más importante elección.
Él es mi conexión con la fuente inagotable de amor*

ÍNDICE

CAPÍTULO I: SEXUALIDAD…ES 25
CAPÍTULO II: EL MUNDO DE YO SOY 45
CAPÍTULO III: EL MUNDO DE LOS PLACERES 65
CAPÍTULO IV: EL MUNDO DE LOS AMORES 127
CAPÍTULO V: EL MUNDO DE LA CREACIÓN 180
CAPÍTULO VI: COACHING SEXUAL MX 211

RECOMENDACIONES

El placer sexual del cuerpo, mente y espíritu de las mujeres, toma una gran dimensión erótica, impregnada de salud y bienestar con las herramientas que este libro nos comparte. Propone una manera diferente de vivir el aquí y el ahora, a partir de nuestros géneros.

Veronica fue la mejor alumna desde sus inicios en la sexología. Estoy muy orgullosa de su crecimiento como mujer, maestra y guía de muchas más mujeres y personas.

Es comprometida y generosa. Celebro y recomiendo su libro, porque es producto de su trabajo; la valor como amiga, pero sobretodo como una gran mujer.

¡Un gran texto!

Alma Aldana García
Sexóloga, psicoterapeuta sexual y de pareja

Verónica es una mujer de ¡garra!, determinante y pasional con su vida y con su trabajo, es de esas personas que ¡hacen!, que van para adelante, que le tienen ganas a la vida... y se nota.

Recomiendo su libro, porque hace más de 20 años, ha demostrado tenacidad perseverancia y experiencia en su rama, ayudando, orientando y transformando la vida sexual de miles de personas.

¡Altamente recomendable y altamente profesional!

Alejandra Veder

Coach Internacional

Es un libro que con una sutil combinación de sencillez y profundidad, invita a las mujeres a liberar y desarrollar su erotismo. Los hombres que se den la oportunidad de leerlo podrán encontrar valiosos elementos para enriquecer su vida sexual, que por herencia cultural ambos géneros hemos construido con gran déficit. La propuesta de la autora es una tangible posibilidad de navegar con audacia, en el océano de una vida placentera a la que como seres humanos tenemos el pleno derecho.

David Barrios Martínez

Sexólogo y psicoterapeuta

Presidente del Instituto de Profesionalización y Educación en Sexología Integral (IPESI)

ACERCA DE LA AUTORA

Verónica Olicón Sánchez, es psicóloga, sexóloga y coach; especialista en desarrollo humano. Obtuvo el Premio Nacional de la Mujer 2019, por su labor como fundadora y presidenta de Yaaxil tu Ser, Desarrollo e Integridad A. C. en beneficio del empoderamiento de las mujeres.

Desde 1988, como activista social, ha participado a favor de los derechos humanos, la salud sexual, la prevención de violencia de género, la prevención de VIH y sida y la ecología verde.

Durante casi 30 años, se ha dedicado a impartir diversos procesos grupales, como conferencias, cursos, talleres y diplomados; impactando de manera directa a más de 50,000 personas y a cerca de medio millón, a través de la réplica de sus programas en México y el extranjero; y ha hecho esto, porque se considera afortunada, al encontrarse desde muy joven, con grandes maestras y maestros que han compartido con ella de igual manera.

Es coautora del libro, Mis Decisiones, mis capacidades, mi Vida. Programa de formación para prevenir el embarazo en adolescentes, versión en Inglés My vois, my Livey del libro Tomo las Riendas de mi Vida.

Coaching para mujeres líderes, Placer que inspira, La magia que transforma, Amar es urgente y La magia del proceso grupal, son algunos de sus programas con los que comparte su experiencia en sexualidad, manejo de grupos, coaching sexual MXy empoderamiento.

¡GRACIAS!

A todas mis maestras, maestros y coaches, los que cito en algunas de mis notas y a quienes llevo en mi corazón. Convencida estoy de que este libro, no solo es obra mía, sino también de quienes se han compartido conmigo, desde la urgencia de activar con sus enseñanzas y acciones la vida de otras personas.

A todas las mujeres que han confiado en mí, en las consultas y en los talleres, para juntas crecer, pensarnos y recrearnos. Especialmente a las mujeres indígenas con quienes es fácil diluir las diferencias del ego y unir, para ir juntas al encuentro de nuestra dignidad.

A mi familia Olicón que celebran cada logro por pequeño o grande que sea. A mi familia Sánchez, donde se encuentra mi raíz femenina, mi sabiduría interna y mis más sensibles dones.

A mi madre Leticia Sánchez Pelcastre, a mi padre Natividad Ramón Olicón Toledo y a mis hermanas Nydia, Cory y Martha por su apoyo y amor incondicional.

A mis primos Bibiana y Antonio por ser mis compañeros y hermanos del alma.

A Ana Martha Romero de Eugenio, por su amor, lealtad y apoyo para cada una de mis tareas y creaciones.

A mis amigas con quienes he aprendido el significado de la sororidad, Alma Aldana, Adry Rodríguez, Yvonne Armand, Diana Medina, Alma Rosa Rojas, Laura Peña, Laura Sánchez, Micaela Molina, Ninel Díaz, Lucy Ignacio, Edelmira Ornelas, Bárbara Pérez, Yolanda Juárez y a mi buddy Jessica Hernández.

A las macris, quienes me impulsan y estiran para dar lo mejor, a Nayelli Avila, Paty Rodríguez, Reyna Ortega, Consuelo Villegas, July Silva, Shalom Cotino, Eréndira González, Adriana Moreno, Gaby Osorio, Denisse Cancino, Yuri Silva, Connie Espíndola, Martha Angélica Márquez, Marbella Zolano, Mónica Ríos, Yesenia Arias y Agus Martínez.

A mis amigos Henry Miller y Mauricio Arellano, por invitarme a reflexionar desde su particular manera de ver el mundo. Y a Cuauhtémoc Sánchez por su aportación para mirarme.

A Felipe Vázquez y a Oscar Hernández, porque su presencia en mi vida, en gran medida, da congruencia a este libro.

A mi coach y editora Alejandra Veder, que nunca se vendió a mis limitaciones, conduciéndome a lograr este bello e importante sueño.

A todo el equipo de Yaaxil A. C. porque con ustedes logramos que nuestra misión sea una realidad, en beneficio de las mujeres y los hombres a quienes servimos. Y en especial a Jorge Escamilla por ser un excelente padrino.

A todas las mujeres y hombres que me siguen en las redes, demostrando que no hay barreras, solo la intención de conectarnos para co-crear un mundo en el que merecemos vivir.

A mi divinidad, a mí misma y a mi determinación.

Gracias, gracias, gracias.

BIENVENIDA

Es un placer encontrarnos y mirarnos en el reflejo de estas líneas. Me alegra tu presencia, pues sin ella no existiría o al menos, no este mundo que empezamos a co-crear.

Soy una mujer convencida de que estamos en un momento, en el cual es urgente conectar con la vida, y una manera de hacerlo es por medio de la energía del amor y la energía sexual. Este es el mejor momento para que la vida sea creada desde el placer, cada una de nosotras está en condiciones de elegir en consciencia todo aquello que nos hace bien, la lucha ya termino. La mujer reprimida esta escindida, estamos en urgencia de unir aquello que pensábamos estaba dividido. Viene la reconciliación con nuestro cuerpo, nuestras creaciones y nuestro ser.

Estoy contenta de que estés aquí ¡mujer!, lista para tu propia bienvenida.

QUERIDA AMIGA

El libro que ahora lees, fue escrito con la intención de compartir contigo algunos de mis aprendizajes, reflexiones y experiencias, adquiridos a lo largo casi 30 años como sexóloga y coach, incluyendo mi particular manera de percibirlos desde mi constante y cambiante forma de vivirme como mujer, en cada etapa de mi vida.

En este libro podrás descubrir, qué es la sexualidad en el sentido más amplio del término; lo que favorecerá que integres todas las partes que te componen como mujer. Tu cuerpo, tu mente, tus emociones, tu espiritualidad, tus historias, tus intenciones, tus sueños, tus elecciones, tus placeres y tus amores, podrás unirlos mágicamente si te comprometes tanto con la lectura, como con los ejercicios que he seleccionado para ti.

Notarás que existen tantas maneras de vivir la sexualidad, como individuos existen, pero lo mejor es que al tomar consciencia de ello, podrás elegir libremente tu propia forma de vivir y disfrutar la sexualidad; por lo que esta lectura te puede impulsar a tomar, de una vez y por todas, la responsabilidad de tus elecciones, tus acciones y tu vida.

Encontrarás ejercicios, para que con el apoyo de tu cuerpo, tu sensualidad y erotismo, recuperes a la mujer que por miedo, programaciones y desagradables experiencias del pasado, se ocultó; ya que uno de los propósitos es que despierten en ti todas las mujeres, para que recuerdes el poder, valía y creatividad que posees.

Harás distinciones, como cuando tomas decisiones por miedo o por amor; o para evitar el dolor o para encontrar el placer. También, será más fácil distinguir entre quien eres y quien te dijeron que tenías que ser, redefiniendo y reafirmando tu existencia en el mundo, con la flexibilidad y posibilidad para rediseñarte cuantas veces quieras, para tu propio bienestar y en armonía con tu entorno.

El amor tomará una nueva dimensión en tu vida, magnificándose en ti y proyectándose a tu alrededor. Las historias del amor romántico quedarán solo en los cuentos de hadas y tendrás la oportunidad de vivirlo desde la realidad que tú deseas manifestar.

Casi al final del libro, se revelará ante ti la última pieza del "rompecabezas", en el que está contenido el secreto de la creación. Caerán las mentiras y con ello las cadenas que han reprimido a muchas mujeres; logrando cambiar el artificial mundo de la trascendencia por el fascinante mundo de la creación.

Por último, te compartiré una herramienta que he diseñado con mucho amor, para mis consultantes y ahora para ti, con la cual, tú misma podrás tomar mejores decisiones y acciones para tu vida erótica, sexual y amorosa: la rueda sexy.

Me intenciono, para que la lectura que hoy inicias, sea una aventura fascinante que te conduzca al encuentro de quien realmente eres, una mujer libre, sexual, sensual, amorosa y creadora.

Tu coach

¡CONTÁCTAME!

Para conferencias, cursos, talleres o coaching, en mis redes sociales:

FB y IG @verooliconoficial

TW @veroolicon

¡Transforma vida para la vida!

CAPÍTULO I:

SEXUALIDAD...ES

Toda mujer tiene derecho al reconocimiento y la apropiación de todo su cuerpo y las posibilidades de sensaciones que tiene...

La mujer no tiene por qué aceptar la opresión, ni a través de su cuerpo ni en su vida. A ella le corresponde buscar las alternativas y elegir relaciones justas.

- Fina Sanz. Psicoerotismo femenino y masculino.

La sexualidad es un aspecto inherente al ser humano, sin embargo, por actitudes culturales se ha convertido en una fuente de angustias, culpas y conflictos; muchas mujeres viven su sexualidad sin tener gran conocimiento sobre ella. Para poder comprender qué es la sexualidad y el por qué reprimirla tiene como consecuencia llevar una vida limitada en todos los ámbitos, lo primero es comprender que la sexualidad está compuesta por cuatro grandes aspectos: *el biológico, el social, el psicológico y el espiritual.*

El aspecto biológico, inicia desde el momento de la fecundación, cuando un espermatozoide y un óvulo se juntan, ya que estas células determinarán si el nuevo ser será de sexo mujer, de sexo hombre o si se encuentra en estado intersexual[1].

Otro aspecto que comienza antes de que el individuo nazca es el **aspecto social** de la sexualidad, y éste se refiere a las expectativas que tienen la madre, el padre, la familia y las personas que rodean a la mujer embarazada, con relación a los órganos sexuales que esperan tenga ese ser humano.

Una vez que este ser tiene sus primeros contactos con las personas que lo esperaban, llenos de ilusiones (y expectativas), va adquiriendo experiencias que irán conformando el tercer elemento de su sexualidad, **el aspecto psicológico**. Las personas crecemos en familias que educan con sus propias costumbres y valores. Éstas pueden cambiar de una familia a otra, de una comunidad a otra y también a lo largo del tiempo, por lo que una madre o padre puede tener ideas diferentes de la sexualidad en relación con sus padres e hijos o hijas.

El **aspecto espiritual**, hace referencia aquellos aspectos que trascienden lo biológico, social y psicológico de cada individuo y nos permite conectar con los otros y lo otro experimentando la unidad. No se confunda con religiosidad. La sexualidad sagrada es una manera de conectar con nuestra espiritualidad a partir de los placeres, el amor y la vida.

---

[1] Personas con condiciones biológicas donde su organismo presenta características de ambos sexos.

Diversidad

La sexualidad es diversidad, como lo es el universo, las sociedades, la naturaleza y las personas. Esto es sencillo de comprender si sólo miras a tu alrededor y observas la habitación o el lugar en el que te encuentras, observa los objetos los colores, observa la textura, los tonos, los matices, los olores y nota como esta diversidad hace que tu vida sea mucho más rica, si cambias de habitación o miras por la ventana, seguramente vas a encontrar otros objetos distintos, tal vez son igual en cuanto a su función o características que los hacen similares: carros, plantas, personas, casas, avenidas, etc. el universo es diverso y gracias a eso es que la vida es posible, ¿imaginas un mundo monocromático?

En la naturaleza a mayor variabilidad mayores posibilidades de sobrevivencia y evolución de las especies. El ser humano, se dice, es de las especies más evolucionadas y se debe en gran medida, a que es una especie que para reproducirse requiere de la información genética de la hembra y el macho, que al juntarse y por selección natural, tiene mayores probabilidades de sobrevivir, gracias a la diversidad de información genética que posee.

Tu cuerpo

Empecemos con lo más obvio; la sexualidad humana tiene su origen en el cuerpo sexuado, es decir nacemos con un **sexo**, que hace referencia al conjunto de diferencias biológicas (genéticas, hormonales, anatómicas y fisiológicas) que nos ubican dentro de un continuo en el que los extremos son reproductivamente complementarios. En estos extremos, se encuentran las personas en edad reproductiva hombres y mujeres, y en los intermedios de ese continuo estará la gran diversidad de seres con diversidad de características que no favorecen la reproducción (niñas, niños, ancianos, mujeres y hombres infértiles o que alteran su fisiología con métodos anticonceptivos o personas en estados intersexuales, por señalar algunos). Todas las personas tenemos sexo, pero de forma rigurosa existe una diversidad de sexos en nuestra especie humana, pues la diversidad de esos aspectos biológicos complicaría el poder definir solo dos sexos.

Aun así cabe señalar que en la actualidad, a partir de tu sexo biológico y en sus aspectos más evidentes, puedes asumirte como mujer, hombre o persona en estado intersexual.

Y es sobre ese cuerpo donde se sitúan las más severas represiones, en parte por ignorancia y en parte porque es a través del cuerpo que los sistemas en el poder tienen mayor control, lo cual estaremos clarificando a lo largo del libro.

La herencia que podemos trascender

Como mencionábamos, otro aspecto de la sexualidad es el social, y este es más complejo que el anterior, pues se conforma de tres largas historias: *la historia universal, la historia familiar y la historia personal.*

Es decir, todas las personas nacidas en occidente compartimos una historia universal común, que independientemente de si pertenecemos o no a una religión o incluso nos consideráramos ateos, la ideología que heredamos, lo queramos o no, es de origen judeocristiana. Lo cual significa que en general heredamos el tabú de la sexualidad, que trae consigo el ver a la sexualidad como algo pecaminoso, sucio,

Mujer y… ¿Sexualmente reprimida?

algo que debemos ocultar, desagradable, en casos extremos y apoyados por la ciencia médica, incluso enfermo.

Tus familias de origen también traen sus propias historias, en torno a todo lo que se vincula con la sexualidad, estas historias se enmarcan en un contexto histórico, político, cultural y social dependiendo del lugar en el cual se han ido estableciendo. Es decir, las creencias, tabúes, costumbres y conductas sexuales son distintas para una familia que se ubica en el sur de México, que una familia que se ha desarrollado en el norte de Suecia o si ha migrado de generación en generación. Y no solo eso, las experiencias de los individuos de esas familias marcan generacionalmente las maneras y formas de vivir la sexualidad de sus siguientes generaciones.

Las dos historias anteriores, la universal y la familiar, podemos decir que son más o menos estables con relación a tu vida, ya que estaban desde antes de que tú nacieras, pero la historia que da movimiento a tu vida, incluso movimiento a estas dos historias, es tu **historia personal**. Tal vez no puedas cambiar los hechos pasados, pero si los significados de los eventos que impactaron la vida sexual de quienes te antecedieron, en ti y en beneficio de tu vida, a partir de la consciencia que tengas hoy de lo que quieres para tu vida sexual, como una mujer libre de estas ataduras; creando nuevas creencias y nuevas experiencias con mejores resultados.

La historia personal es el ámbito más importante, ya que es en él, donde radican y se recrean tus dos más grandes poderes: *la elección y la acción*, teniendo la posibilidad de crear una nueva historia para ti y muy probablemente para las mujeres de tus siguientes generaciones.

Lo que piensas de ti misma

Tu vida sexual es el resultado de lo que piensas de ti misma, a partir del sexo que tienes y te fue asignado en la cultura a la cual perteneces; de los significados que has heredado y tus experiencias de vida que los han sustentado. Es decir, un gran porcentaje de lo que piensas de ti misma son puros cuentos.

Para las personas en general es más fácil aprender de patrones y estereotipos que la sociedad y la familia transmiten, que cuestionar si esas maneras de ser y hacer, son realmente propias. Esta es tal vez una de las desventajas del aprendizaje de los humanos, ya que vivimos programados para actuar, pensar y ser de determinada manera a partir de lo que traemos entre las piernas, en lugar de sentir y crear vivencias que nos engrandezcan como personas y como seres humanos. La represión empieza ahí, en lo que piensas de ti misma y tu liberación inicia, cuando cuestionas tus propias creencias.

Lo que expresas

Lo que piensas de ti misma, relacionado con el hecho de saberte mujer, determinan, en mayor medida, las maneras como te expresas en el mundo. En los talleres que doy es muy interesante escuchar a las mujeres cuando les pregunto quiénes son o qué se sienten, ¿mujer u hombre? Y después de sus caras de sorpresa por la pregunta, cuya respuesta parecería obvia, contestan "mujer", eso parece sencillo, pero cuando les pregunto por qué, en su intento de responder dicen cosas como: porque me maquillo, porque me gusta cocinar, porque puedo dar vida, porque soy sensible, refiriéndose primeramente a lo que hacen, les gusta, sienten o pueden dar; y muy difícilmente hacen referencia a su cuerpo, esto tiene varias lecturas, la primera es que el cuerpo queda en segundo o nulo plano, no existe y una segunda, su identidad está en función de lo que hacen. Y así es, somos lo que hacemos a partir de lo que pensamos que somos, pero puedo asegurarte que eres mucho más de lo que crees que eres y puedes expresar mucho más de lo que te dijeron que podías mostrar o hacer en el mundo.

Las relaciones que estableces

Imagina por un momento cómo se relacionaban mamá y papá contigo, cómo te trataban de niña y piensa si esto determinaría tus relaciones con las mujeres y los hombres de tu entorno social.

Se han hecho experimentos interesantes, en los cuales se observan las reacciones de los padres y madres cuando se les entrega a sus bebés recién nacidos y sin mirar sus órganos sexuales se les dice que es mujer, la manera de tocar, mirar y hablarle al bebé, es muy distinta si se les dice que es hombre. Generalmente a las niñas se les toca con suavidad, con una voz y tono suave y agudo, la mirada es menos intensa, a diferencia de los niños que son tocados con mayor presión y fuerza, se les habla en tono y volumen más alto y al mirarlos abren más los ojos y alzan más las cejas. Contradictoriamente tendrían que ser tocados exactamente al revés, pues, mueren más bebés varones recién nacidos que mujeres.

Lo anterior es solo un ejemplo de los primeros contactos y los vínculos que se van estableciendo en la infancia; imagina todas las actitudes que mamá, papá y otros integrantes de la familia, tenían al vincularse contigo y cómo han influenciado la manera de relacionarte con mujeres y hombres.

Otro factor que ha limitado las relaciones que establecemos con mujeres y hombres son las actitudes y los miedos que nos dividen. Durante mi experiencia en grupos de mujeres, he notado algunas actitudes que nos separan, mencionaré sólo las más significativas:

- Poco o nulo reconocimiento entre nosotras, es más fácil conmovernos con el sufrimiento de otra mujer que celebrar y reconocer sus éxitos;

- Cuando existe una infidelidad por parte del compañero, generalmente se sigue culpando incluso violentando a la mujer y a él, se le disculpa o justifica.

- A diferencia de los hombres que compiten entre ellos, las mujeres se comparan con otras mujeres devaluándolas o devaluándose a sí mismas.

Con estas actitudes, no nos damos cuenta, que al minimizar, culpar, devaluar o ignorar los logros de otras mujeres; limitamos la creación de relaciones que nos apoyan para crecer y compartir nuestros talentos, lo que podría retribuir en conceptos que favorezcan la imagen que tenemos, no solo de otras mujeres, sino de nosotras mismas.

Las historias de dolor que han existido en las relaciones de hombres y mujeres también marcan la manera de vincularnos con ellos, por un lado los cuentos del amor romántico, que poco o nada tienen de realidad en la manera en la cual, las personas viven sus relaciones amorosas y por el otro, las historias trágicas que vemos o escuchamos todos los días en todos los países del mundo. En México por ejemplo, se registran 2,2

Mujer y... ¿Sexualmente reprimida?

feminicidios[2] al día, uno cada 11 horas, según el Sistema Nacional de Seguridad Pública, en el 2018. Lo que supone relaciones de amor-odio entre mujeres y hombres, generados por la fantasía y por el miedo, muchas veces inconscientes; que sumados a las tres historias antes mencionadas, reprimen expresiones de amor en las relaciones, en las cuales hemos aprendido a vivirnos como víctimas, en lugar de crear relaciones conscientemente responsables; pues los hombres ni son príncipes, ni tampoco asesinos en potencia.

Libérate de esas creencias sobre el amor romántico y del miedo a los hombres, para que puedas disfrutar de las relaciones con otras personas.

Tus placeres

Me gusta pensar a la sexualidad como sinónimo de placer y vida; al menos como la posibilidad para que ambas existan. Placentero puede ser todo aquello que disfrutas por medio de tus sentidos y que recreas a partir de tu imaginación y tus pensamientos y que va desde aquello que simplemente te gusta, hasta aquello que puede provocarte, deseo, excitación, incluso orgasmo.

Si el mundo de tus placeres inicia desde todo aquello que te es grato a través de todos tus sentidos y de tu imaginación, es muy lamentable en la historia de muchas mujeres, como este mundo ha sido reprimido hasta el punto de ser negado, particularmente el placer sexual.

---

[2] El feminicidio en México, de acuerdo al artículo 325 del Código Penal Federal, lo establece como "privar de la vida a una mujer por razones de género".

Dependiendo de la sociedad en la que te encuentres, tienes el "permiso" para disfrutar de algunos placeres siempre que sean "suaves", "dulces", de preferencia no bruscos; desde niña, tal vez, te dijeron que no podías, negándote el desarrollo de tu capacidad para poder disfrutar a través de tus sentidos, cuando te decían cosas como "las niñas no hacen esto", "las niñas se visten así", "cruza las piernas", "las niñas no hablan de esta manera", "no te rías tan fuerte pareces loca", "deja de tocarte, es sucio", "juega aquí donde yo te vea", "no juegues así con tus hermanos, te van a lastimar"; ¿qué te decían a ti?, ¿podías disfrutar de subirte a un árbol, del agua, de los jardines, la calle, sin que hubiera mensajes que limitaran tu libertad?, ¿te estimulaban para hacerlo o te desmotivaban?, tal vez ni siquiera lo recuerdes, pues te programaron tan pequeña que el mundo exterior, natural o de las calles te fue negado a través del miedo, el arma más poderosa para controlar y reprimir cualquier deseo de libertad placentera.

A muchas mujeres, nos educaron para estar de preferencia en la casa y eso fue limitando también la posibilidad de disfrutar de otros entornos. Algunas mujeres tienen miedo a salir, tal vez ya no de casa pues salimos a trabajar, pero ¿qué tal viajar solas sólo por placer? o ir a otros países a trabajar, sin antes preguntarte quién te puede acompañar.

Pero ahora no pensemos en viajes largos, empecemos en un viaje más cercano, el de tu propio cuerpo. Las mujeres no disfrutamos el cuerpo o porque no sabemos cómo, o porque nos da miedo, o porque sentimos asco, o porque lo tenemos tan reprimido y adormecido que ni siquiera percibimos si hay o no deseo. En los grupos para los cuales trabajo, les pregunto a las

Mujer y... ¿Sexualmente reprimida?

mujeres si saben lo que es la ablación del clítoris[3], haciendo referencia a la mutilación que se hace del clítoris en algunos países de oriente la pregunta la realizo para comentarles que en México, como en casi toda Latinoamérica y otros lugares del mundo, no necesitamos que nos extirpen el clítoris, pues nos mutilaron los deseos y los placeres sexuales desde el centro de control más poderoso que tenemos: el cerebro, metiéndonos miedos y rechazo por nuestro propio cuerpo y nuestros placeres.

Revisa cómo es el tema de los placeres en tu vida de manera general y del placer sexual de forma particular, tal vez no disfrutas la vida porque tienes miedo de disfrutar tu cuerpo, de lo que te gusta y sobretodo reconocer lo que te puede excitar; es uno de los primeros pasos para dejar de estar en ese ambiente represor en el cual vives. Desde que eras niña, el mensaje también es el "no merezco", pero ahora como adulta la única que se reprime eres tú. Más adelante hablaremos del mundo de los placeres, de lo que puedes disfrutar.

Lo que valoras y la ética sexual reprimida

La capacidad de valorar es inherente al ser humano. El *valor* no lo poseen los objetos de por sí, sino que éstos lo adquieren gracias a su relación con las personas como seres sociales[4]. Pero los objetos a su vez sólo pueden ser valiosos cuando tienen propiedades que responden a las necesidades e

---

[3] La ablación del clítoris oficialmente llamada mutilación genital femenina (MGF) por la Organización Mundial de la Salud (OMS), es la eliminación parcial o total de tejido de los órganos genitales femeninos, particularmente del clítoris (clitoridectomía), con objetivo de eliminar el placer sexual en las mujeres, considerando razones culturales, religiosas o cualquier otro motivo no médico. Esta práctica se considera una violación de los derechos humanos de las mujeres y de las niñas.
[4] Ver: Yurén, M. T., (1995), *Eticidad, Valores sociales y Educación*. México D. F., México: UPN, pp. 192-193.

intereses de nosotras en un momento y situaciones dadas. Hacemos lo que hacemos motivadas por aquello que es importante y valioso para nosotras. Las personas, somos los únicos seres que podemos elegir y realizar los valores a través de cada una de nuestras acciones.

Es por lo anterior que hace casi 30 años, la sexualidad adquiere un valor importante en mi vida en términos generales; pero al mismo tiempo me introdujo, de manera primero inconsciente y luego reflexiva, al tema de los valores, la moralidad y finalmente a la ética de la sexualidad y de la vida, entendiendo que estas dos últimas van juntas, si pretendemos crearnos como mujeres éticas, responsables de nuestra propia vida, coexistiendo en una sociedad plural y diversa.

Moral y sexualidad

Si consideramos a la sexualidad como un constructo social a partir de las aportaciones hechas por Michel Foucault y uno de sus teóricos herederos Jeffrey Weeks[5], es lógico pensar que está envuelta y cargada por elementos morales determinados por el momento histórico, geográfico, cultural, político y ético; elementos que van tomando forma en las mentes, los cuerpos y vivencias de las mujeres y son transmitidos por los diversos agentes moralizadores e instituciones educativas, tanto formales como informales: comunidad, escuelas, familia, religión, medios de comunicación, el estado y otras instituciones sociales y económicas.

---

[5] Ver: Weeks, J., (1999), *Sexualidad*. México D. F., México: Paidós.

Consideramos que la moral o moralidad como señala Graciela Hierro[6], consiste en todas las formas de comportamiento o normas de conducta que son enseñadas a cada uno de los miembros de una comunidad, con el propósito expreso de que sean cumplidas. Dichos comportamientos van dando sostén a la cotidianidad de las mujeres y las colectividades, que a partir de la experiencia van fortaleciendo o debilitando los usos y costumbres de las comunidades.

La moral sexual que ha imperado en Occidente, es herencia de una ideología judeo-cristiana sostenida por la postura ético-filosófica denominada *estoicismo*, y que tienen, entre otras, creencias o pensamientos, como los que menciona Chávez Lanz, "La creencia de que hay un *"logos"*; un "modo correcto de ser" para las cosas. Para el estoicismo el dolor es positivo, sea como medio para educar la voluntad y las inclinaciones naturales del cuerpo o bien como fin en sí mismo, de ahí el valor de los sacrificios, flagelaciones y tormentos tan recurrentes en la historia de la iglesia católica. Los estoicos son aliados de los poderosos; su filosofía les sirve como herramienta para someter a la población dictando normas, obligándola a obedecerlas y convenciéndola de que este mundo es un lugar de sufrimiento."[7]

Ética y sexualidad

La ética es el estudio de la moralidad, es la reflexión filosófica sobre la moral vivida; es la ciencia de la formación de la conciencia moral. Ambas, moral y ética hacen referencia a las *costumbres*, sólo que la primera es en sentido vivencial y la

---

[6] Hierro, G., (1994), *Ética y sexualidad*. En: *Antología de la Sexualidad Humana*. Tomo I. México D. F., México: Consejo Nacional de Población- Porrúa, pp. 219-234.

[7] Chávez, O., (2008), Sexualidad, paradigmas y prejuicios. En: https://epicuro615.files.wordpress.com/2008/08/sexualidad_paradigmas_y_prejuicios.pdf

segunda en sentido reflexivo; para ambas, desde sus propios campos, el tema de los valores es un punto de encuentro. No podemos hablar de moral sin mencionar lo que para una persona y/o comunidad es valioso, de ahí su aplicación, ya sea asumida o introyectada a través de los diferentes agentes moralizadores.

Fue a principios de los 90´s que el tema de los valores entro en mi campo de enfoque, cuando la maestra Alma Aldana García[8], mencionó algo como "los valores básicos en la sexualidad son: la vida, el amor y el respeto". A partir de ese momento mi actividad en esos dos ámbitos tuvo como códigos morales y éticos esas tres guías; sin embargo, el tema de los valores empezó a rondar en mi cabeza, pues los mismos conceptos, los planteaban tanto quienes estaban en contra de la educación de la sexualidad como de quienes estábamos a favor y siguen estando. Fue hasta el año 2000 que encontré a la maestra y filósofa María Teresa Yurén Camarena, con quien comprendí que lo que realmente faltaba para el pleno ejercicio de la sexualidad era un término que nunca antes había escuchado: "eticidad".

Un concepto que por su significado, representa el camino para que las mujeres vivamos una sexualidad placentera, es la *eticidad,* que es *la realización de los valores, en la sociedad y en la vivencia de las mujeres.* Es la práctica de los valores como la justicia, la libertad, la autodeterminación, la paz, el amor; la eticidad es el compromiso por la dignificación de la vida humana en la cotidianidad, en el ámbito de la conciencia individual, es un proceso y un resultado que exige las

---

[8] Docente en ese momento en el curso de voluntarios para la prevención del sida de AVE de México, feminista y actualmente psicoterapeuta sexual.

intenciones y acciones de cada mujer y que envuelve a todo nuestro entorno.

Todo aquello que contribuye a la creación y potencialización de nosotras como mujeres es valioso. Según la doctora Yurén Camarena (1995)[9], es valioso todo lo que favorece la fusión del individuo con la totalidad humana; lo que permite elevar el nivel de conciencia y autoconciencia; lo que hace propicia la realización de la libertad de todos y cada uno de los seres humanos, y lo que hace posible la conservación de la vida humana, en particular y la vida en el planeta, en general.

Las mujeres somos seres éticos que podemos hacer una crítica de nuestras propias costumbres y convenciones, crítica, que a su vez, requiere la consciencia de que la vida de las mujeres contiene otras posibilidades. Estudiar y observar francamente la historia y la variedad de la sexualidad de las mujeres, diría Sócrates, llevar una "vida examinada", promete crear una comunidad democrática más rica, por ser verdaderamente más deliberante, como lo menciona Martha C. Nussbaum[10]. "Como ciudadanas del mundo, debemos hablar sobre estos temas con otras mujeres de otras naciones, cuyas tradiciones y normas en estas áreas es probable que sean diferentes de las nuestras."

Y las preguntas siguen, ¿Cuáles valores fortalecen la conexión o convivencia con otras mujeres y hombres, eróticos y diversos?, ¿con cuáles valores, al realizarlos, una mujer se sabe y siente digna?, ¿al realizar, cuáles valores contribuimos en la vida de otras personas y en la vida del planeta?, ¿Qué significa

---

[9] Yurén, M. T. op. cit.
[10] Martha C. Nussbaum, filósofa, integra una corriente de pensadores norteamericanos interesados en el valor de la filosofía en la vida práctica.

la libertad para cada mujer?, ¿cómo la realizas en tu vida sexual?, ¿eres justa contigo y con las demás mujeres?, ¿cómo dignificar la vida sexual de las otras?

Una mujer de la eticidad es un ser que prefiere, elige y realiza valores. Es una persona que ejerce sus derechos y valida con sus acciones los derechos de las y los otros. Si entendemos que los *derechos* son las formas institucionalizadas de los valores universales[11], como por ejemplo la libertad y la vida; establecen marcos de acción para satisfacer las necesidades que surgen del ser libre sexuado, y sirven de indicadores de los pasos a seguir para la concreción e institucionalización de otros valores como el amor, el placer, la autenticidad, etc.

Es conveniente señalar que la institucionalización de los valores (es decir, su interpretación como derechos) no significa más que su formalización y no garantiza su realización. La garantía del derecho depende de que cada mujer nos formemos como sujetos capaces de humanizar la vida cotidiana, de determinar, reivindicar y ejercer derechos diversos que dignifiquen a nuestro ser individual y universal, a través de nuestras acciones, satisfaciendo nuestras necesidades e intereses como personas autónomas y valiosas. Las mujeres somos personas éticas, sexuales y dignas.

Existen un sin fin de valores, tantos como las posibilidades que tiene cada mujer. Sin embargo, mencionaré algunos que pueden servir de reflexión para llevar tu vida sexual desde la eticidad y la práctica, empezando por el valor central de la ética-filosófica de los hedonistas: **el placer**. Podemos sumar la libertad, la vida, la dignidad, la honestidad, la autenticidad, la autonomía, la expresividad, la creatividad, el poder, la palabra,

---

[11] Ibídem, p. 214.

Mujer y... ¿Sexualmente reprimida?

la conciencia, la responsabilidad, la justicia, el compromiso, la entrega, el respeto, el amor, la integridad, la diversidad, y el buen trato que propone Fina Sanz Ramón[12]; sin duda el reto es clarificar, construir y resignificar nuestra vida sexual ampliando las posibilidades para ir al encuentro de nuestro potencial humano, para el bien propio y el de los seres con los que co-creamos este mundo.

Tus mundos

Me gusta imaginar a la sexualidad como parte de un universo conformado de galaxias, sistemas y mundos interconectados. La sexualidad humana en este imaginario, sería similar a nuestro sistema solar, en el que los mundos, son alimentados por nuestra energía vital, con sus propias características, retos, dimensiones y en constante evolución.

Para los fines de este libro, los mundos a liberar de la represión heredada y autoimpuesta son:

- El mundo del Yo soy
- El mundo de los placeres
- El mundo de los amores
- El mundo de la creación

El mundo del yo soy, se refiere a la tierra que habitamos, es decir, nuestro cuerpo sexuado, con los significados que tiene para nosotras, su anatomía, sus funciones, sus formas de expresarse y mostrarse a otras personas, los roles que asumimos, las emociones que nos genera a lo largo de nuestra vida y la identidad que construimos y deconstruimos a partir

---

[12] Sanz, F. (2016), *Buentrato. Como proyecto de vida*. Barcelona, España: Kairós

de todos estos elementos, con las experiencias y las historias que vamos creando a partir de cada elección y acción que tomamos en nuestra vida.

Yo soy una mujer, es una afirmación que parecería innecesaria, si consideramos que al momento de nacer se nos asignó el sexo, que en apariencia notó quien atendió el parto; sin embargo, al revisar los componentes de este mundo queda evidenciado que más que una asignación asumida, puede ser una consciente determinación personal, dentro de un sinfín de posibilidades de vivir tu cuerpo.

El mundo de los placeres, es un mundo mágico, al cual pienso como un regalo de las Diosas para todos los seres que habitamos este planeta y está directamente relacionado con nuestro cuerpo, si no fuera por la capacidad que tenemos las mujeres para experimentar placer a través de nuestros sentidos, el mundo y nuestra vida sería muy aburrida y carente de sentido, ¿podrías imaginar un mundo que no disfrutas?

Lamentablemente vivimos cada vez más en un mundo así, todo lo que existe está diseñado para que anules esta capacidad, saturando los sentidos, reprimiendo tu sexualidad, vendiéndonos experiencias placenteras y artificiales, fomentando una vida rápida y un éxito al cual te vendes por horas incalculables de trabajo. La tecnología y la rapidez en la que vivimos actualmente, nos desconectan de nosotras y de nuestro cuerpo y en consecuencia de nuestros placeres; vas de vacaciones y en lugar de disfrutar la convivencia, la naturaleza y la novedad, estas perdida pensando donde te tomarás la foto para subirla a tus redes sociales. El primer requisito para habitar el mundo de los placeres es habitar tu propio cuerpo, en un presente constante libre de ataduras mentales y expectativas futuras.

Mujer y... ¿Sexualmente reprimida?

El mundo de los amores, es un territorio difícil de llegar, está protegido por trampas, escondites secretos, laberintos, dobles mensajes, caídas peligrosas, cuentos de hadas e historias de terror que te harán dudar o te llevarán a caer en un abismo del cual será difícil retornar. Si el mundo de los placeres es una regalo de las Diosas, este mundo es un regalo que te das a ti misma.

Puedo asegúrate que son pocas las personas que tienen acceso al centro de este mundo. Muchas personas piensan que el mundo de los placeres es el más reprimido, tal vez sea el más castigado, pero el mundo de mayor represión es el de los amores y la mayoría de las cadenas que tiene, las has puesto tú misma. Este mundo es totalidad, es unión, es un mundo de espejos con energía vital, está en una dimensión muy diferente a lo que hoy conoces, todos hablan de él, pero casi nadie ha estado ahí, o apenas lo ha experimentado por instantes mágicos fuera de la mente y a pesar de todo esto, es un mundo que tiene urgencia de vivir y expandirse, lo único que requiere es que tú lo construyas para hacer presencia en la dimensión de tu vida.

El mundo de la creación, es el mundo de las posibilidades infinitas es un mundo de las trasgresiones, irreverencias, rebeldías, crisis y oportunidades que dan movimiento a los mundos de las mujeres; es un mundo que nos han arrebatado muchas veces de formas violentas y otras veces nos devolvieron migajas, envueltas en cajas de regalos con fecha del 10 de mayo.

Una de nuestras más sagradas virtudes, se redujo a una función reproductiva, que si bien es cierto es para muchas mujeres motivo de satisfacción y reconocimiento personal, no es lo único para lo que estamos las mujeres en el mundo; si eso fuera así, después de parir nuestro ciclo vital se reduciría considerablemente y no lo es, muy por el contrario, son pocos los años de vida fértil que las mujeres tenemos y muchos más los que tenemos para crear vida de otras maneras, además de crear seres similares a nosotras.

Si haces consciencia y conectas con esta capacidad creadora, descubrirás la energía en potencia que ha estado guardada en tu interior, las mujeres de la antigüedad sabían de su poder y fuerza creadora, porque tenían una comunión y comunicación con la naturaleza, sabían de sus ciclos, de los dones que la tierra poseía y los ponían al servicio de los demás. Pero llegó el tiempo de la cacería de brujas, se perseguía a las y los paganos, es decir, a aquellas personas que adoraban los fenómenos de la naturaleza, ¿recuerdas? Las primeras religiones eran politeístas y cada deidad estaba asociada a estos fenómenos, pero llegó el tiempo de un solo Dios, impuesto con sangre, mucha de ella, de las mujeres sabias, sanadoras, sacerdotisas y hechiceras.

Llegó el momento de recuperar la memoria que existe en el ADN de cada mujer, de esas mujeres divinas que viven en nosotras y que hemos mantenido ocultas, para crear honrando y cuidando nuestro cuerpo sexuado, a partir de conectar con cada una de nuestras células y órganos, incluyendo los órganos sexuales; aceptar y vivir desde y para el placer, disfrutar y recrear la vida; dejar de contarnos los cuentos de fantasía y crear historias de amor en cada uno de nuestros encuentros amorosos. Ser mujer y estar sexualmente reprimida, es en sí mismo una contradicción, una total incongruencia de vida.

CAPÍTULO II:

EL MUNDO DE YO SOY

> *¿Existe un buen modo de categorizar los cuerpos?*
> *¿Qué nos dicen las categorías?*
> *Las categorías nos dicen más sobre la necesidad de categorizar los cuerpos que sobre los cuerpos mismos.*
>
> - Judith Butler

Hace algunos años este mundo lo hubiera llamado: "el mundo del género o de las identidades", sin embargo, actualmente con la gran revolución que existe en el mundo gracias a los medios electrónicos, la comunicación cibernética y una acelerada evolución de consciencia; los modelos del estudio de la sexualidad han sido rebasados en muchos sentidos, por las realidades sexuales que se manifiestan por parte de los individuos, en diferentes partes del mundo.

Uno de los sistemas que ha tenido una revolución impresionante es la categoría *género*, gracias a los estudios e investigaciones que se realizan todos los días. Los sexólogos hoy en día siguen discutiendo la terminología que defina o ayude a entender a qué nos referimos cuando hablamos de expresión de género, identidad sexual e identidad de género. Estos temas no son nada sencillos de tratar, mucho menos cuando se refieren a la vivencia que las mujeres tenemos con relación a ellos; sin embargo, vale mucho intentar reflexionar sobre estos, en un libro en el cual, se habla de la mujer y tiene como propósito la liberación sexual de la misma.

Eres tu cuerpo sexuado y sus significados

Empecemos con lo más sencillo, que es la identidad sexual. La identidad se define, según Esther Corona, como "un complejo sistema de representaciones que proporcionan a los humanos un marco de referencia a la pertenencia a ciertos grupos. Se construye a lo largo de la vida a través de comparaciones que establecen similitudes y diferencias con "los otros". De este modo los humanos tendrán una serie de identidades superpuestas, algunas inmutables, como la de especie, y otras dinámicas que podrían ir cambiando y transformándose."[13]

En el primer capítulo, te compartía la pregunta que hago a las mujeres en mis talleres: ¿qué sientes qué eres? Y ¿por qué crees que lo eres?, y te comentaba que a lo último que hacían referencia era a su cuerpo sexuado, a diferencia de los hombres que a la primera responden "porque tengo pene y porque me

---

[13] Corona, E. (1994). Identidades de Género: En Busca de una teoría. En: *Antología de la Sexualidad Humana*. Tomo I. Consejo Nacional de Población- Miguel Ángel Porrúa. México.

Mujer y... ¿Sexualmente reprimida?

gustan las mujeres". A simple vista podríamos decir que sencillamente las mujeres no tenemos una identidad sexual, tenemos una identidad de género y una expresión de género, tal vez, pero identidad sexual no; el cuerpo sexuado es anulado o no visto, las mujeres no tenemos un referente sexual, al menos claramente definido.

Si analizamos con mayor detalle nuestra identidad sexual, es decir, aquellas representaciones que nos ayudan a pertenecer a la categoría de "mujer", partiendo de la identificación de nuestro cuerpo, con el cuerpo de otras mujeres y las representaciones que elaboro para la construcción de mi identidad, los primeros cuestionamientos que se me ocurren son ¿por qué las mujeres anteponemos las funciones que realizamos, las emociones y otros aspectos antes que nuestro propio cuerpo sexuado?, ¿qué mensajes recibimos de las otras mujeres que nos rodeaban cuando éramos niñas?, ¿Cuándo fue que dejamos de ver nuestro cuerpo como componente para la construcción de nuestra identidad?, o ¿qué emociones y sensaciones nos genera hablar y reconocer nuestro cuerpo sexuado?

Antes de seguir con el análisis, te quiero compartir una anécdota de mi propia vida, con la intención de que busques en tus recuerdos algunas experiencias que den luz a los mensajes y representaciones que obtuviste cuando eras niña o adolescente, y pudieron haber aportado a tu actual identidad sexual.

Tenía yo como 10 años de edad, cuando una marca de toallas sanitarias llegó a la escuela para darnos una plática informativa sobre el proceso de la menstruación, las mujeres de mi generación seguramente también lo recordarán. En esa plática la frase o el mensaje que una de las promotoras nos dio, fue lo que se me quedó grabado hasta el día de hoy, dijo algo como "la menstruación es el llanto del útero por no tener en ese momento la oportunidad de generar un bebé", esas palabras con el tono que usó, me pareció una manera casi romántica de ver un proceso, del que casi nadie hablaba y cuando se hablaba, casi siempre era de manera despectiva.

Independientemente del análisis que ahora realizaría, en ese momento el tono y mi sensación sobre la menstruación, pasó de ser un proceso meramente biológico e incómodo para las mujeres y oculto para los hombres, a convertirse en mi corazón y mente como eso, un proceso romántico.

A los doce años aparece mi primer sangrado menstrual, recuerdo muy bien el día cuando aparecieron las primeras gotas de sangre en mi ropa interior; salgo del baño a buscar a mi mamá para decírselo, nunca voy a olvidar el gesto que mi mamá hizo ante la noticia, sus palabras y el tono que utilizó: "Ash, Verónica", movió la cabeza como a disgusto, yo no entendí muy bien por qué y me sentí muy incómoda, inadecuada, no sabía cómo interpretarlo, afortunadamente horas después llegó mi padre quien recibió la noticia de parte de mi mamá, y lo que recibí de él fue un abrazo muy amoroso, su rostro feliz parecía como si le hubieran dado la gran noticia de su vida, mi interpretación en ese momento fue "mi hija ya creció" y eso para mi papá parecía que era bueno, al menos esa fue la interpretación que yo realice de esa situación.

En los tres momentos que acabo de narrar, el mensaje "romántico" de la menstruación, el gesto de mi madre y la reacción de mi papá, dieron como resultado final que la menstruación para mí fuera algo agradable incluso muchas veces placentero. Es lamentable que una persona externa y mi padre, me hubieran ayudado a significar la menstruación como un proceso deseable, antes que mi propia mamá. Creo que me hubiera gustado mucho compartir este proceso con ella de una manera más amorosa sobre nuestro cuerpo de mujer, eso entre muchas otras cosas, con las que me hubiera sentido más identificada.

Te comparto esta experiencia, porque creo importante hacer consciencia de los mensajes que enviamos a otras mujeres cuando hablamos y compartimos lo que vivimos, los procesos que tenemos en nuestro cuerpo, de las emociones y cómo las manejamos, de nuestros miedos.

En los grupos de mujeres y en mi consultorio, llegan mujeres de diferentes estratos socioeconómicos y el común denominador es que las mujeres siguen temiendo hablar de su cuerpo sexuado y sus funciones con sus hijas y con otras mujeres. Es común hablar de lo que nos duele, de lo que enfermamos, siempre y cuando no sea relacionado a lo sexual.

Con relación a este proceso de la menstruación, te quiero preguntar ¿qué experiencias tuviste?, ¿cuáles fueron los mensajes que tu madre o las mujeres que estaban cercanas a ti te mandaban?, ¿cómo has vivido el proceso de la menstruación? un proceso que al menos para las mujeres biológicas, es una experiencia que vivimos cada 28 días, durante tres, cuatro o cinco días cada mes aproximadamente, a partir de que empezamos a menstruar y hasta que llega la menopausia. Qué significados hay para ti de este proceso, ¿es sucio o desagradable?, ¿es un proceso asociado al dolor? Tal vez eres de otra generación o has tenido otras experiencias, ¿lo celebras?

La menstruación es sólo uno de los procesos que van conformando nuestra identidad sexual. Hablemos de tu vulva

¿hay algún significado alrededor de ella? En México hay muchos lugares o personas, entre ellas mujeres, que hacen referencia a la vulva comparándola con animales ponzoñoso como con la araña y todas esas asociaciones vinculadas al cuerpo sexuado de las mujeres van configurando tu identidad sexual. Aquí podemos encontrar el por qué las mujeres no hablamos de nuestro cuerpo sexuado o el por qué lo anulamos.

Afortunadamente la identidad puede ir cambiando y transformándose, esa es una buena noticia para las mujeres y se convirtió en una excelente noticia sobre todo cuando a mis 18 años, tuve la oportunidad de entrar al estudio de la sexualidad y empezar a descubrir que había un sinfín de identidades con relación a las mujeres, mejor aún que había personas que deseaban tener órganos sexuales de mujer sin haber nacido con vulva y vagina, me refiero a los transexuales y transgéneros, quienes han revolucionado la manera de ver los géneros. Las personas trans siempre han sido para mí una fascinación, en el sentido que abren las posibilidades para que las mujeres y los hombres podamos reflexionar sobre quiénes somos, cómo nos relacionamos y mostramos al mundo desde la gama y matices que el género puede representar.

Te comparto un trabajo que realice en la maestría de sexualidad y género, para que sigamos reflexionando sobre lo que es nuestra propia identidad sexual.

La transexualidad como referencia para encontrar tu propia identidad sexual

Las personas transexuales[14], sintetizan las posibilidades de ser en el mundo, más allá de lo que "natural" y socialmente se espera, al mismo tiempo que cuestionan nuestra conceptualización de ser mujer. Y aquí quiero citar a Judith Butler (2006), que en su libro Deshacer al Género[15], menciona:

"Esto es lo que Foucault denomina la política de la verdad, una política que pertenece a esas relaciones de poder que circunscriben de antemano lo que contará y lo que no contará como verdad, que ordenan el mundo de formas regulares y regulables, y que se llegan a aceptar como un campo específico de conocimiento. Se puede comprender lo destacado que es este punto cuando empieza a formular la pregunta: ¿Qué es lo que se considera como persona? ¿Qué es lo que se considera un género coherente? ¿Qué es lo que se califica como ciudadano/a? ¿El mundo de quien se legitima como real? O formulado en clave subjetiva: ¿En quién puedo convertirme en un mundo donde los significados y los límites del sujeto están definidos para mí de antemano? ¿Qué normas me constriñen cuando empiezo a preguntarme en qué me puedo convertir? Y ¿Qué pasa cuando empiezo a convertirme en alguien para el que no hay espacio dentro de un régimen de verdad dado?"

Las personas transexuales abren la oportunidad de preguntarnos a nosotras mismas ¿Quién soy? ¿Soy esta que dicen que soy? ¿Me veo como dicen que soy?, pues si ellas han

---

[14] Ocasionalmente, la identidad de género no coincide con el sexo (biológico) de la persona. Denominamos a esta condición „discordancia sexo-genérica" o „transexualidad". La existencia de la transexualidad es evidencia de que el desarrollo biológico y el desarrollo de la identidad (psíquico) tienen cierta independencia. Chávez, O. op. cit.

[15] Butler, J. (2006), Deshacer el Género, Paidós, Barcelona, España.

tenido la posibilidad de hacer algo diferente, en su caso después de un largo proceso, ajustar su cuerpo a lo que su "identidad" les señalaba, porque las mujeres no empezamos a ajustar nuestra mente al cuerpo que tenemos modificamos aquello que de nuestra identidad nos limita y empezamos a apreciar el cuerpo que tenemos.

Pero la causa es la persona y su condición o como diría Xabier Lizarraga y Luis Guillermo Juárez, es el entorno y el discurso social lo que genera el conflicto.

"No es posible concebir la construcción del ego independientemente del contexto sociocultural en el que el individuo se desarrolla, socializa, aprende, expresa, se compara con los demás y se experimenta. Un individuo... no puede rechazar una parte de sí, si no es en función y referencia al rechazo que la sociedad manifiesta hacia su tipo de comportamiento."[16] Las mujeres, al vivir en una sociedad en la cual, lo vinculado a lo femenino se devalúa, no es raro pensar que bajo este contexto es un cuerpo rechazado, por las mismas mujeres desde la construcción de su propia identidad.

Las mujeres biológicas, es decir quienes nacimos con un cuerpo sexuado de mujer, tenemos la gran oportunidad de resignificar y sobre todo valorar nuestro cuerpo. Las mujeres transexuales son para mí, el reflejo de ese anhelo de todas las mujeres, para poder apropiarnos y amar el territorio que nos fue dado. Este libro va dedicado a todas las mujeres y con un agradecimiento especial a las mujeres transexuales, que me han ayudado a conectar con un profundo sentido de

---

[16] En:Lizarraga, X. y Juárez, L. G., (1989), Entorno al Concepto de Sociodistonia y las Preferencias Sexo-eróticas. En: *Estudios de Antropología Biológica. IV. Coloquio de Antropología Física "Juan Comas"*, México D. F.

dignificación al cuerpo y a la reflexión de mi propia identidad sexual.

Una nueva reflexión, como la que incita Butler y otros estudiosos del género, propone una vida como un viaje de cooperación entre personas poderosas que pueden reprogramarse a sí mismas, transformar sus cuerpos y sus mentes para experimentar una vida llena de alegría, es una apuesta que podemos hacer todas las mujeres, al menos es algo que le debemos a nuestros cuerpos.

Las maneras como expreso quien soy

Hasta este punto hemos retomado algunos conceptos que es conveniente revisar y tenerlos claros; primero, el sexo es solo la parte biológica de ser mujer, la identidad sexual es lo que esa biología representa para ti a partir de la identificación con otras personas, con similares cuerpos sexuados, en etapas muy tempranas de tu desarrollo. Ahora profundicemos más con lo que los sexólogos denominamos identidad de género y la expresión de ese género.

La identidad de género es la vivencia asociada al sexo biológico y a la identidad sexual, tal como cada persona la siente, por lo que puede corresponder o no con el sexo que nació y lo que la sociedad espera de las mujeres y hombres.

Y es en esta identidad donde está tu poder de elección, pues si bien es cierto, la identidad sexual se establece en etapas muy tempranas del desarrollo, entre los 18 meses de edad y los 4 años, construida a partir de la autoimagen corporal apoyada por los estímulos y mensajes sociales que la persona recibe, además de ser inmodificable. La identidad de género, es decir, la convicción personal y subjetiva de pertenecer o no a las categorías, de masculino y femenino, son infinitamente diversas, modificable a lo largo de la vida y no siempre coincide con el sexo biológico.

Anteriormente se marcaban roles y estereotipos rígidos a mujeres y hombres que definían lo femenino o masculino en cada sociedad determinada, lo que ahora gracias al intercambio de información con otras culturas y vivencias, queda completamente diluido.

¿Qué significa esto para las mujeres? Que puedes construir y deconstruir tu identidad, cuantas veces quieras, buscar en tu interior lo que para ti ha sido y lo que puedes llegar a hacer como mujer, al no haber un marcaje único en lo social, te corresponde buscarte a ti misma, elegir la mujer en la que te quieres convertir. Que nadie, ni nada te diga lo que debes ser como mujer, siempre he creído que somos mucho más que lo que nos dijeron que éramos, mucho más que incluso lo que tú crees que eres.

Más aún, gracias a la epigenética y a los estudios en el campo de las neurociencias, ahora sabemos que las personas tenemos la capacidad de modificar o amplificar, cualquier aspecto de nuestra vida, no solo lo comportamental. "La carga genética de todo ser viviente no sólo no determina las condiciones biológicas en la que se va a desarrollar, sino que ni siquiera es el factor condicionante fundamental. Lo que le condiciona como organismo vivo es su entorno físico y energético... No somos víctimas de nuestros genes sino los dueños y señores de nuestros destinos." Bruce Lipton[17].

---

[17] Lipton, B. (2010), La Biología de la Creencia, Madrid, España: Gaia.

Mujer y… ¿Sexualmente reprimida?

Antes había solo dos géneros, el femenino y el masculino, ahora en la Comisión de Derechos Humanos de Nueva York, se reconocen 31 géneros[18], lo que dignifica a la facultad humana de la libertad, la cual no tiene en lo absoluto un origen genético, haciéndote libre de cualquier condicionamiento social impuesto.

La expresión del género, dependerá de tu propia elección de identidad, de cómo quieres mostrarte al mundo, con qué nombre, qué etiquetas, qué cualidades, qué vestimentas y qué comportamientos.

Los géneros masculinos y femeninos, lo único que hasta el momento han logrado es dividirnos, poner unas características por encima de otras, nos definimos a partir de lo contrario, aún se utiliza la frase "el sexo opuesto"… la gran mentira, no somos opuestos somos diversos como especie. Es cierto que hay diferencias, biológicas, anatómicas, cerebrales, pero nada que nos determine, ni nada que no podamos llegar a desarrollar. A las mujeres y a los hombres nos han mutilado toda la expresividad humana de la que somos capaces, poniéndonos a pelear entre nosotros desde los aspectos más diminutos, odiamos lo que en esencia es similar a nosotras, y así dejamos de vernos en todas nuestras potencialidades.

¿Te gusta todo o gran parte de lo femenino? ¡Potencialízalo, es maravilloso! busca los arquetipos de las mujeres a lo largo de la historia, y encontrarás grandeza, divinidad y poder.

¿Te gusta todo o algo de lo masculino? ¡Potencialízalo! si tu cuerpo, tu mente se siente cómoda con ello disfrútalo,

---

[18] Revisar: https://www.actuall.com/familia/hombre-mujer-no-seas-anticuado-ahora-puedes-elegir-entre-31-identidades-sexuales/

muéstralo y se consciente, porque eso te hará reconocer y valorar lo masculino. Este libro se enfoca principalmente a quienes se reconocen en su identidad sexual y de género mayoritariamente como mujeres, aunque no se descarta que elijan la masculinidad en algunas áreas o momentos de su vida.

¿Te gustan ambos mundos? Vívelos, diviértete, al final de cuentas ambos son solo una construcción social, que fortalece lo que tu cuerpo siente y lo que tu mente consciente e inconsciente quiere.

¿No te gusta ni lo uno ni lo otro? Crea tus propias maneras de ser, lo cual implicará para ti y la humanidad todo un reto y probablemente una evolución.

Eres tu palabra y tu palabra vale

La palabra crea. Juan José Arreola decía, "Nuestro modo de hablar es nuestro modo de Ser. El espíritu sólo puede ampliarse en términos del lenguaje". Tus palabras constituyen el poder que tienes para crear, para expresar y comunicar, para pensar y, en consecuencia, para crear los acontecimientos de tu vida. Las palabras son las herramientas más poderosas que tienes como mujer, el instrumento de la magia, tu palabra puede crear el sueño más bello o destruir todo lo que te rodea.

La mente humana es como un campo fértil en el que continuamente se están plantando semillas. Las semillas son opiniones, ideas y conceptos. Tú plantas una semilla, un pensamiento, y éste crece. Para Miguel Ruíz (2012)[19], "todo ser humano es un mago, y por medio de las palabras, puede hechizar a alguien o liberarlo de un hechizo. Continuamente

---

[19] *Los cuatro acuerdos* de Miguel Ruíz. Ediciones Urano.

Mujer y... ¿Sexualmente reprimida?

estamos lanzando hechizos con nuestras opiniones". Nuestros padres y hermanos expresaban sus opiniones sobre nosotras sin pensar. Nosotras nos creíamos lo que nos decían y vivíamos con el miedo que nos provocaban sus opiniones. Alguien da una opinión y dice: «¡Mira qué niña tan fea!». La niña lo oye, se cree que es fea y crece con esa idea en la cabeza. No importa lo guapa que sea; mientras mantenga ese recuerdo, creerá que es fea. Estará bajo ese "hechizo".

Con tu lenguaje estás creando constantemente tu realidad[20]. ¿Qué tipo de lenguaje utilizas para describir tu realidad?, ¿es un lenguaje que te da poder o te limita?, ¿qué imágenes utilizas para describir tu realidad? Porque puedes decir "las mujeres sufrimos más que los hombres", o puedes decir "las mujeres tenemos retos diferentes a los que viven los hombres", "estoy sobreviviendo en este mundo de injusticia para las mujeres" o "estoy viviendo en este mundo en que las mujeres estamos resurgiendo".

El lenguaje que utilizamos nos hace sentir de cierta manera, ¿qué declaras de tu vida?, ¿qué palabras utilizas para referirte a ti misma? Que las palabras que usas para definirte, para recrear y fortalecer tu identidad, te lleven a crecer y a contribuir, a ser un ejemplo que inspire a las demás mujeres, viviendo siempre desde tu más profundo amor. Viviendo siempre al máximo cada instante, avanzando siempre y elevando tu espíritu.

---

[20] Profundizar en: Echeverría, R. (2010). Ontología del lenguaje, Buenos Aires, Argentina: Granica.

Yo soy una mujer y tus maneras de ser

Ahora regresemos a una de las primeras preguntas, ¿Qué sientes que eres?, ¿Quién piensas que eres?, ¿Quién eres?, la respuesta a esta pregunta puede moverse en varios tiempos, uno que puede ir dirigido al concepto que tenías, antes de iniciar la lectura del libro, otra que puedes reformular en este momento y una más que podría ser en quién te quieres convertir, declarada en este presente.

No importa los conceptos que utilices, lo único importante es que esto sea cierto para ti, identifica las palabras que incluyan un significado poderoso que te hagan sentir valiosa y te muevan a la acción, tan dignificantes que cuando eres así, satisfaces tus necesidades e intereses al mismo tiempo que creas tu mundo, cuando te conectas profunda y honestamente con tu esencia y te nombras, te creas en el aquí y en el ahora y desde ahí creas también tu futuro.

Encuentra dentro de ti esas maneras poderosas de tu ser y elije al menos las 3 que más te hagan vibrar, con las que sientas la certeza y el poder para vivir de manera digna. Y anótalas en las siguientes líneas:

Yo soy una mujer[21] _____, _____ y _____.

Existen una infinidad de maneras que tiene tu ser para manifestarse en el mundo, aquí mencionaré sólo algunas

---

[21] He iniciado la frase poniendo las palabras "Yo soy una mujer", partiendo del supuesto que si lees este libro es que en alguna de las dimensiones de la sexualidad te identificas como tal. Si te identificas con cualquier otra identidad genérica puedes modificar la frase de acuerdo a ello.

maneras de ser poderosas que se vinculan con la dignidad y potencialidades humanas.

Libre, amorosa, responsable, comprometida, valiente, valiosa, honesta, entregada, creadora, poderosa, auténtica, sensual, sexual, digna, íntegra, generosa, justa, autónoma, humilde, alegre, sensible, apasionada, espiritual y visionaria.

También puedes definirte a partir de símbolos o arquetipos como las que menciona Silvia Selowsky[22], por ejemplo:

Diosa, madre, virgen, amante, bella, justiciera, protectora, sensitiva, sabia, comunicadora, urdidora de redes, virgen, bruja, hechicera, alquímica, sanadora, amazona.

Figuras de poder y audacia que puedes identificar en ti son: liderazgo, sexualidad, amor, misterio, belleza, sabiduría, discernimiento, construcción, destrucción, fuerza, dualidad, seducción, invención, sensibilidad, entre otras.

O reconocerte con los arquetipos que Isabella Magdala[23], enlista:

Belleza, renovación, niña interior, diversión, quietud, tesoro, galope, conexión, máscaras, maga, reflejo, amor, humildad, transformación, abundancia, presencia, mujer salvaje, visión, bola mágica, esperanza, dulzura, mundo, relación, masculino consciente, pareja sagrada, gozo, camino, amor cósmico, reencuentro, libertad, sobra, eclipse, misterio.

---

[22] Serlowsky, S., (2014), *El oráculo de las diosas. El despertar de lo femenino*. Grijalbo, México, D. F.
[23] Magdala, I., (2018), Los misterios de lo femenino para hombres y mujeres. Una herramienta para aumentar tu vibración y abrir tu corazón. Kepler, Madrid, España.

Agregaré unas más considerando algunos elementos de la naturaleza con los cuales pudieras identificarte:

Agua, mar, rio, fuente, tierra, luz, obscuridad, montaña, claridad, luna, sol, desierto, selva, flores, lluvia, aire, fuego, diamante, roca, piedra preciosa, zafiro, árbol, planta o cualquier animal que te resuene.

Notarás que realmente puedes definirte como tú quieras, que además no hay características ni positivas ni negativas, que no tienen sexo, ni género aunque muchas han sido mayoritariamente fortalecidas a lo largo de la historia por medio de arquetipos que se manifiestan, muy probablemente en la identidad de muchas mujeres; también hay características que se repiten en las categorías que mencioné, pues una misma palabra puede significar aspectos diversos, dependiendo del momento y la conceptualización que tengas de ella. El punto aquí es que hagas consciencia de que puedes ser quien elijas ser, que el ser mujer es mucho más de lo que pretendieron imponerte y mucho más de lo que creías que podías llegar a ser.

Las mujeres en esta nueva era estamos recuperando todo nuestro potencial y estamos liberando a la mujer reprimida, porque puedes ser todo lo que quieras menos una mujer limitada y carente.

Te comparto que en la medida que voy definiéndome y redefiniendo, eligiendo y renovando mis posibles maneras de ser y estar en el mundo, descubro la grandeza y potencia creadora del significado que para mí tiene ahora la declaración ¡YO SOY UNA MUJER!

Mujer y... ¿Sexualmente reprimida?

Trampas y máscaras del ser mujer

Antes de pasar al siguiente mundo de este apasionante sistema de las mujeres, quiero advertirte de las "*trampas y máscaras*" más comunes en las mujeres y que pueden ser un obstáculo para liberar a la mujer reprimida.

La principal trampa del mundo del *yo soy una mujer*, es la **misoginia internalizada**, un desprecio hacia el propio género, inculcado por una sociedad que aún considera superiores a los hombres. Te pido que reflexiones qué tanto valoras a las mujeres que te rodean, empezando por tu madre, muy probablemente tu primera reacción puede ser "yo amo a mi mamá", pero que ames a tu mamá no necesariamente significa que la valores, puedes amarla, temerle, respetarla, odiarla o venerarla, en función de la relación que hayas establecido con ella, pero aquí me refiero a si la valoras y reconoces como mujer.

En consulta me llegan mamás de algunas amigas o consultantes, en las cuales he podido notar, el trato poco digo que reciben de sus hijas, muchas son tratadas como niñas, con pocas manifestaciones de afecto. Te comparto que antes de entrar al mundo de la sexología, me involucré en el mundo del feminismo, mucho discurso, muchas teorías sobre lo que qué es y ha sido el patriarcado y la cultura binaria que nos separa a hombres y a mujeres, pero el mayor logro que yo tuve y mi transformación realmente, la hice el día en que reconocí mi propia misoginia, el día en que descubrí que yo no veía ni valoraba a mi madre, que la amaba y mucho tiempo la consideré mi amiga, mi más grande apoyo, pero no la miraba en toda su grandeza; si no es tu caso, te felicito pero si no, revisa esa relación y sánala.

Observa las relaciones que tienes con las mujeres, ¿las reconoces? cuando vas con algún profesional de la salud o cuando tienes algún asunto importante a tratar con algún profesional o servicio, ¿prefieres que sea una mujer o un hombre? ¿con quién sientes mayor confianza?

Si tienes hermanas, ¿cómo se relacionan? Y ¿tus relaciones con las amigas? Hay muchas creencias que alimentan la misoginia entre las mujeres, muchas de ellas son inconscientes, por eso es importante estar alerta, pues la manera como ves y te vinculas con las otras, habla mucho de la manera como te relacionas contigo misma.

En la medida en que las mujeres viven la misoginia de otras mujeres, empezando por la de su madre y un entorno de relaciones en el cual, se prefieren hijos varones, tanto consciente o como inconsciente, las mujeres hemos adoptado la máscara de la **mujer rígida**, como una manera de enfrentar el miedo a la frialdad e indiferencia de las demás personas.

Las características de esta máscara muestran a la mujer dinámica, incansable, perfecta, siempre dispuesta, raramente admite que tiene problemas, el mundo la percibe optimista y como una mujer muy fuerte, aunque por dentro esté consumiéndose, la máscara la lleva a ser controladora, para poder parecer perfecta. Reprimir la ira es una característica de esta máscara, pues pretende ser la "buena", aunque por la misma situación, injusta consigo misma, repitiendo la manera en la cual, el mundo fue injusto con ella al rechazarla por el hecho de haber nacido mujer.

Once puntos para liberar el mundo del yo soy una mujer, de la trampa y máscara que te reprimen:

Mujer y... ¿Sexualmente reprimida?

- Reconoce tu propia misoginia.
- Sana con mamá apoyándote de especialistas.
- Toma consciencia del lenguaje que utilizas al referirte a las mujeres.
- Celebra los logros de otras mujeres como propios.
- Reconoce a las mujeres que te rodean, aunque te cueste trabajo.
- ¡Acéptate! Evita mentirte, envolviendo de optimismo y fortaleza.
- Date el permiso de equivocarte y evita la sobre exigencia.
- Danza libremente, deja que tu cuerpo se mueva.
- Dale descansos a tu cuerpo de 5 minutos durante el día.
- Identifica cuando eres injusta contigo y con las demás personas.
- Háblale a tu máscara agradeciéndole que te haya protegido de niña, cuando la identifiques, dile que no es necesario que aparezca, que ahora no necesitas que te proteja del rechazo, pues ya puedes aceptarte tú misma.

Autor: Antonio Mojica

CAPÍTULO III:

EL MUNDO DE LOS PLACERES

La sexología abre posibilidades para el placer, posibilidades para ser YO...

YO conmigo, con mi cuerpo, con el otro (a), con su cuerpo y con las demás personas en mi entorno social.

¡YO libre, frente a mi placer!

- Alma Aldana García. Perspectiva de género en psicoterapia sexual.

Como lo comenté al inicio, este mundo es mágico, gracias a él, es que el ser humano evoluciona, trasciende, ama, crea, unifica, contacta con su divinidad; es el principal motor del mundo y es al mismo tiempo el más castigado, perseguido, mutilado, satanizado, y muchas veces hasta aborrecido. Este mundo es la puerta a la libertad y tal vez por eso es el más encarcelado y reprimido.

El ser humano tiende al bienestar, busca el placer y esta búsqueda, lo conduce a ir más allá, incluso de sus propias limitaciones, este mundo impulsa al cuerpo y a la mente a estirarse, invita a romper las reglas, donde el límite es el miedo a la libertad, una libertad sin ninguna otra pretensión que sólo la experiencia del aquí y el ahora. Un territorio donde no cabe el pasado, ni el futuro, pues en la medida que estas dos dimensiones se atraviesan, corre el riesgo de desaparecer, es un mundo así de fugaz.

Es el mundo de la desmesura, tal como lo plantea mi querido maestro Xabier Lizarraga (2012): "El animal humano... tiende, como cual cualquier ser vivo, al hedonismo, a la búsqueda del bienestar, pero no se satisface con eso, por lo que inevitablemente también tiende a la desmesura... que le permite volcarse en las mencionadas pasiones, perderse en sueños, embelesarse con los sonidos, colores, formas, e historias, y ponerse retos, cada vez más difíciles de alcanzar... metas siempre un poco o mucho más allá."[24]

Este mundo tiene la ingenuidad de un bebé, para él no existe ni el bien ni el mal, solo lo placentero, pero corre un riesgo, al no tener límites, de romper la línea de lo disfrutable, y llegar a experimentar dolor, que en la frontera con el placer es motivo de deseo. Dolor y placer han sido parte, no solo de la experiencia humana como tal, sino que ambos han sido motivo de posturas de pensamiento opuestos, de las cuales somos herederas, si recordamos que la sexualidad también la conforman nuestras historias comunes.

---

[24] Lizarraga, X. (2012), Semánticas Homosexuales. Reflexiones desde la antropología del comportamiento, México, D. F., México, Instituto Nacional de Antropología e Historia. p. 33.

Mujer y... ¿Sexualmente reprimida?

Por un lado está el estoicismo[25], que entre otros aspectos, considera el placer como algo malo. El sufrimiento voluntario se considera un triunfo del espíritu humano sobre el "componente animal": el cuerpo. Si el dolor es bueno, quien más sufre es mejor y el sufrimiento hace que las personas sean mejores. Podríamos decir que esta forma de pensamiento es la fuente de las creencias en las cuales, muchas mujeres fueron educadas, el tema del sufrimiento para la gran mayoría, al menos con quienes asisten a mis grupos y la consulta, parece casi un componente de su identidad, es mucho más fácil trabajar el dolor que el sufrimiento, al que muchas de ellas se aferran.

Pero la buena noticia para todas, es la otra escuela filosófica, de la cual casi nadie nos ha hablado, la de los hedonistas[26]. Para ellos y ellas, el placer es bueno; dedicaban su estudio a los placeres, cantaban, reían, comían, y seguramente también disfrutaban de las relaciones sexuales, amistosas y amorosas. El límite era el dolor, había una ética del placer en el cual no se permitía, dañar a otros, obvio sería incongruente con su manera de ver el mundo.

Los sexólogos en la actualidad, planteamos la ética en estos términos: el placer y cualquier comportamiento sexual, es aceptable, siempre y cuando *no dañe a otros, no vaya contra la voluntad de los participantes, ni se aproveche del*

---

[25] Zenón de Citio (335 - 264), funda la escuela estoica en los portales del mercado de Atenas, por ahí del año 312 a.c., pero podemos ubicar en esta corriente a Platón (428-347) y Aristóteles (384-322), aunque sean anteriores a su fundación formal pues coinciden en aspectos Básicos. Citado por: Chávez, O. op. Cit. P. 18.
[26] Epicuro de Samos (341-270), el fundador de esta doctrina filosófica, en el año 321 a.c., Epicuro, pasó algunos años en Lámpsaco, dedicado a cultivar la amistad y en 306 a.c. regresó a Atenas, adquirió un huerto donde él y su pequeña comunidad pensaban, conversaban, producían sus propias conclusiones y sus propios alimentos; vivían con modestia, nunca con excesos. Op. Cit. p. p. 22- 23.

desconocimiento e inconsciencia de otros. Desafortunadamente, el abuso de poder en esta área del espectro humano, es muy común, las mujeres que por un lado están reprimidas, con historias de dolor asumidas como una manera del *ser mujer*, sin consciencia ni el poder de sus placeres, son más vulnerables al abuso sexual, incluso de sus propias parejas, en la medida en que las mujeres no asuman y se apropien de su cuerpo y sus placeres, su vida oscilará entre el sufrimiento y el abuso.

Una mujer libre en sus placeres y deseos es una mujer con amplias posibilidades de empoderarse, es dueña de su cuerpo, sabe decir sí y también poner límites, diciendo... no. Sabe que la desmesura la invita a ir más allá de sí misma, a ser una mujer creadora, como veremos en el siguiente capítulo, pero tiene el control y el reconocimiento para saber en qué momento, en qué situaciones y bajo qué contexto puede ponerse en riesgo y no solo físico, sino también emocional.

Romper límites y reglas en el mundo de los placeres y deseos es algo esperado casi es una condición para que se den, sobretodo en el caso de las mujeres. Cuando yo inicié el estudio de la sexualidad, tenía apenas 18 años, una edad en la que la rebeldía (un tanto tardía para mí), la curiosidad, mi biología sexual y ganas de vivir estaban en su apogeo; rompí mis límites, me aventuré a disfrutar de mis deseos, descubrí la maravilla de la diversidad sexual, pero algo de lo que ahora te puedo compartir, me siento muy agradecida y orgullosa, es que fue precisamente en este proceso que conté con la información para elegir de manera consciente cada una de mis acciones, estaba rodeada de los mejores maestros y maestras en sexualidad de México, conté con un padre que ahora considero, confiaba en mí desde entonces, y una madre que me ponía límites, tuve momentos muy dolorosos, pues también experimente el precio de la desmesura; pero, elegir el placer como una manera digna de vivir, es para mí, al mismo tiempo y paradójicamente, la libertad y el límite para el cuidado de mi misma.

Preferencias sexuales o eróticas

Las preferencias sexuales pueden ser concebidas por la atracción física y emocional que siente una persona hacia las demás. Respondiendo a la binariedad sexo-genérica manejada por la sociedad, se describe la existencia de tres tipos de preferencias:

Heterosexual: cuando la atracción y erotización que siente la persona se dirigen hacia individuos de sexo-género diferente al suyo; es decir, hombre-mujer o mujer-hombre.

Homosexual: cuando la atracción y erotización se dirigen hacia personas del sexo-género igual al del individuo. Es decir, hombre-hombre o mujer-mujer.

Bisexual: que implica iguales niveles de atracción y erotización hacia hombres y hacia mujeres, independientemente del sexo-género de la persona.

A partir de diversos estudios en el área de la sexología, con las aportaciones de Alfred Kinsey y colaboradores, y las realizadas por Xabier Lizarraga, se han llegado a establecer 73 posibilidades de expresión hetero y homosexual en un continuo que tiene como extremos a individuos fundamentalmente heterosexuales u homosexuales, quedando en el centro del continuo el individuo con potencialidad bisexual, no practicante de su homo ni de su heterosexualidad, es decir, el punto donde todos nos encontramos al nacer.

Después del nacimiento, los seres humanos se desplazan por el continuo y no necesariamente llegan a la colocación definitiva en alguno de sus puntos. En otras palabras, la expresividad hetero, bi y homosexual no es fija y puede modificarse en el transcurso de la vida en una o varias ocasiones.

El cuerpo del placer

El conocimiento es poder y también una vía para el placer; por lo que revisaremos brevemente, aspectos generales de la biología del placer a partir de los aspectos generales que nuestro cuerpo nos aporta.

Órganos sexuales de la mujer

Órganos sexuales externos

Los **pechos** están formados por:

- El pezón
- La areola
- Las glándulas mamarias
- Los conductos que transportan la leche desde las glándulas hasta el pezón
- Tejido muscular
- Tejido graso

La **vulva** se refiere a los órganos sexuales externos de la mujer e incluye:

- El **monte de Venus** es un abultamiento de tejido graso sobre el hueso púbico. A partir de la pubertad se comienza a cubrir de vello. Su función es proteger a los

Mujer y... ¿Sexualmente reprimida?

órganos sexuales internos de las posibles embestidas pélvicas al momento de una relación sexual coital[27].

- Los **labios mayores** son dos repliegues de tejido graso que protegen las aberturas vaginales y urinarias que se encuentran entre ellos. A partir de la pubertad, también se cubren de vello por afuera. Entre ellos se encuentran los labios menores.

- Los **labios menores** son repliegues de la piel delicados, sin vello y muy sensibles al tacto. Durante la excitación sexual se agrandan y su color se oscurece. En la parte interior, los labios menores se abren en dos pliegues dejando al descubierto, al famoso clítoris:

- El **clítoris**, es un pequeño abultamiento que está en la parte superior de los labios menores. Es el órgano sexual más sensible de todos los órganos de la mujer y durante la excitación sexual se hincha, se eleva, descubriéndose de su capuchón. Su única función es producir placer.

La palabra clítoris viene del griego *kleitoris*, que significa montaña pequeña, ¡pero no es tan pequeña! Pues el cuerpo del clítoris puede llegar a medir hasta cinco centímetros, junto con los dos cilindros que lo conforman, más las raíces que miden entre seis y siete centímetros, lo que suma de 10 a 13 centímetros[28].

- El **meato uretral** es el orificio por donde sale la orina y se comunica directamente con la vejiga.

---

[27] Recordemos que las relaciones sexuales, no necesariamente incluyen la penetración y/o el contacto de órganos sexuales; en los casos que así se refieran, aclararé con el término coito.
[28] Aldana, A., Braun, M., (2009). Sexo sin dolor. La única guía para entender, tratar y superar el vaginismo y la dispareunia. Grijalbo. México D. F. p. 99.

- Las **glándulas de Bartholin** se encuentran en ambos lados de la abertura vaginal. Estas glándulas producen lubricación durante la excitación sexual, facilitando la penetración. Ocasionalmente pueden llegar a infectarse.

- El **periné** es el área de la piel que está entre los labios mayores y el ano. Debajo de él hay tejido muscular y fibroso.

- El **ano** se encuentra al otro extremo del periné y es el orificio a través del cual pasa el excremento desde el recto. Es además un órgano muy sensible y placentero cuando es estimulado.

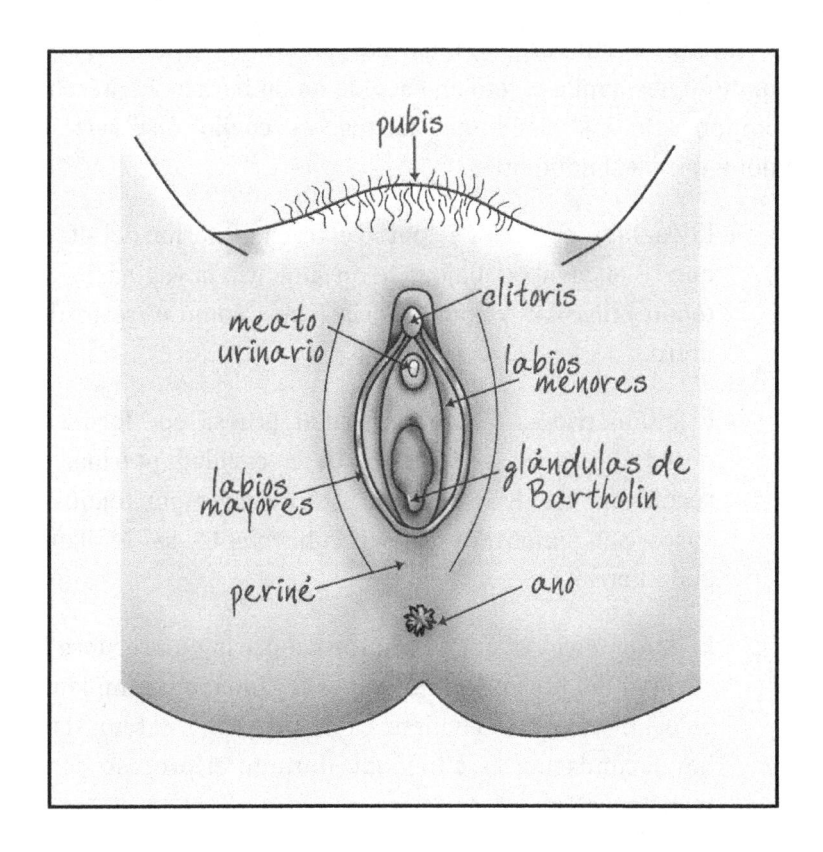

Órganos sexuales internos

La **vagina** es un conducto muscular flexible con una capa mucosa. Durante la excitación sexual se incrementa la lubricación vaginal y la vagina se expande para facilitar la penetración, en caso de que se practique. La vagina también tiene como función servir de canal del parto y, para ello, tiene la capacidad de dilatarse (aumentar su tamaño) considerablemente durante el trabajo de parto para permitir el paso del bebé.

El **útero** es un órgano muscular, en forma de pera. Es aquí donde se desarrolla el feto en caso de un embarazo. El útero se compone de las siguientes partes: el cuello o cerviz, el miometrio y el endometrio.

- El cuello o cerviz es la parte estrecha inferior del útero que se encuentra abajo y se dirige hacia la vagina. Es de tejido muscular y consistencia firme, como el resto del útero.

- El miometrio es la capa muscular gruesa que forma la pared del útero y dentro está la cavidad uterina. El recubrimiento de la cavidad está formado por tejidos y vasos sanguíneos; a este recubrimiento se le llama endometrio.

- El endometrio es una membrana mucosa que recubre la cavidad del útero. Si un óvulo es fecundado, se implanta en el endometrio y comienza a desarrollarse el feto; si no hay fecundación es eliminado durante el proceso de la menstruación.

Las **tubas uterinas** son dos conductos que comunican al útero con los ovarios. Los óvulos se transportan desde el ovario hacia el útero a través de las tubas uterinas.

Los **ovarios** son estructuras en forma de almendra. Constituyen la estructura básica del sistema sexual de la mujer y producen los óvulos. Una vez al mes, el ovario maduro expulsa un óvulo, el cual empieza a flotar libremente hacia el extremo de una de las tubas uterinas. Además de producir óvulos, los ovarios producen también las hormonas sexuales de la mujer, estrógeno y progesterona.

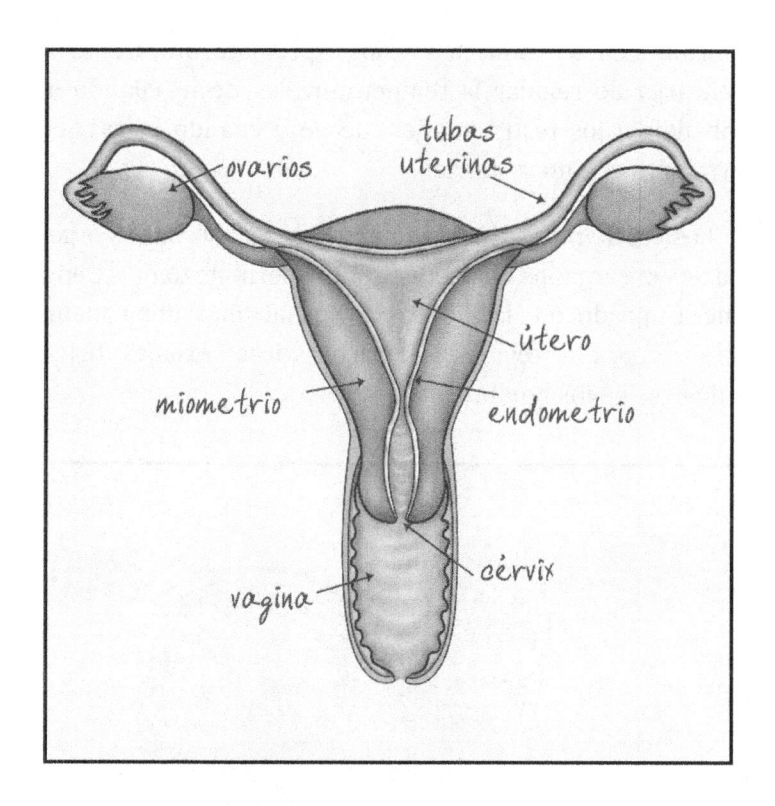

Figura: aparato reproductor femenino con etiquetas: ovarios, tubas uterinas, miometrio, útero, endometrio, vagina, cérvix.

Órganos sexuales del hombre

Órganos sexuales externos

El **pene** está compuesto de tejidos esponjosos llenos de vasos sanguíneos. En el momento de la excitación, estos vasos le dan la capacidad de dilatarse y ponerse rígido consiguiendo la erección, facilitando la penetración. La punta del pene se llama glande y está cubierta por una piel llamada prepucio. El canal a través del cual se excreta la orina y se eyacula el semen, se encuentra dentro del pene y se llama uretra.

El **escroto** es una bolsa de piel donde se encuentran los testículos. Debido a que la temperatura es un factor muy importante en la producción de los espermatozoides, el escroto se encarga de regular la temperatura, es decir, cuando hace calor aleja a los testículos del cuerpo y cuando hace frío los acerca para que no se enfríen.

Los **testículos** se localizan en el escroto y son los órganos sexuales encargados de producir los espermatozoides. De igual manera, producen la hormona sexual masculina llamada testosterona, que regula las características sexuales, físicas y fisiológicas en los hombres.

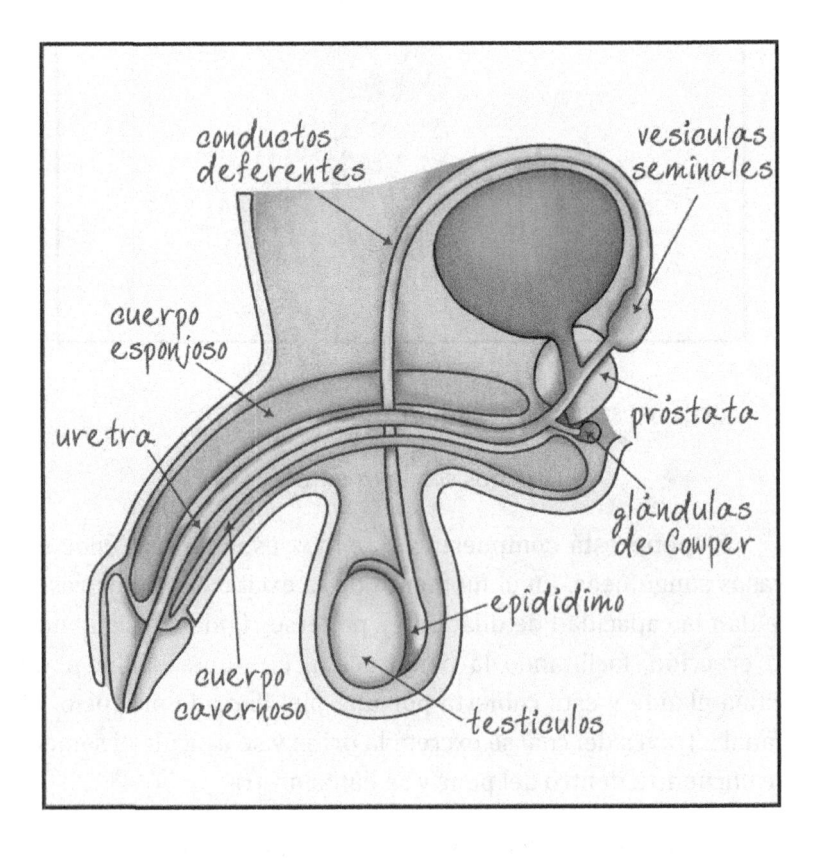

Órganos sexuales internos

Mujer y... ¿Sexualmente reprimida?

El **epidídimo** es un canal que se encuentra junto a los testículos y su función es almacenar los espermatozoides que produce cada testículo durante unas tres semanas, período en el cual maduran para luego pasar al conducto deferente en caso de que haya eyaculación. Si no hay eyaculación, los espermatozoides son absorbidos por el tejido que los rodea.

Los **conductos deferentes** son dos conductos que llevan a los espermatozoides desde los testículos hasta la vesícula seminal.

Las **vesículas seminales** son dos estructuras en forma de saco en las que se produce el semen.

La **próstata** es una glándula que rodea la uretra. Su función es producir un líquido que nutre a los espermatozoides y los protege de la acidez de la uretra y de la vagina. Esta secreción, junto con el líquido de las vesículas seminales, forma el semen.

Las **glándulas de Cowper** son un par de glándulas que se encuentran debajo de la próstata y su función es secretar un líquido alcalino que lubrica y neutraliza la acidez de la uretra antes del paso del semen durante la eyaculación.

La **uretra** se encuentra dentro del pene y es el conducto por el que se expulsa la orina y también el líquido seminal. La primera parte de la uretra está rodeada por músculos que tienen la función de mantener cerrado el conducto. En general, la longitud de la uretra de los hombres, proporciona una barrera eficaz contra la invasión de microbios en los tractos reproductor y urinario.

Los **espermatozoides** se reproducen en los testículos.

El **semen** está compuesto por el líquido seminal y los espermatozoides. El semen es un fluido que se produce en las vesículas seminales y que ayuda a que los espermatozoides sean transportados a la vagina. En el momento de mayor excitación, cuando el hombre eyacula, arroja además de líquido seminal, aproximadamente 365 millones de espermatozoides.

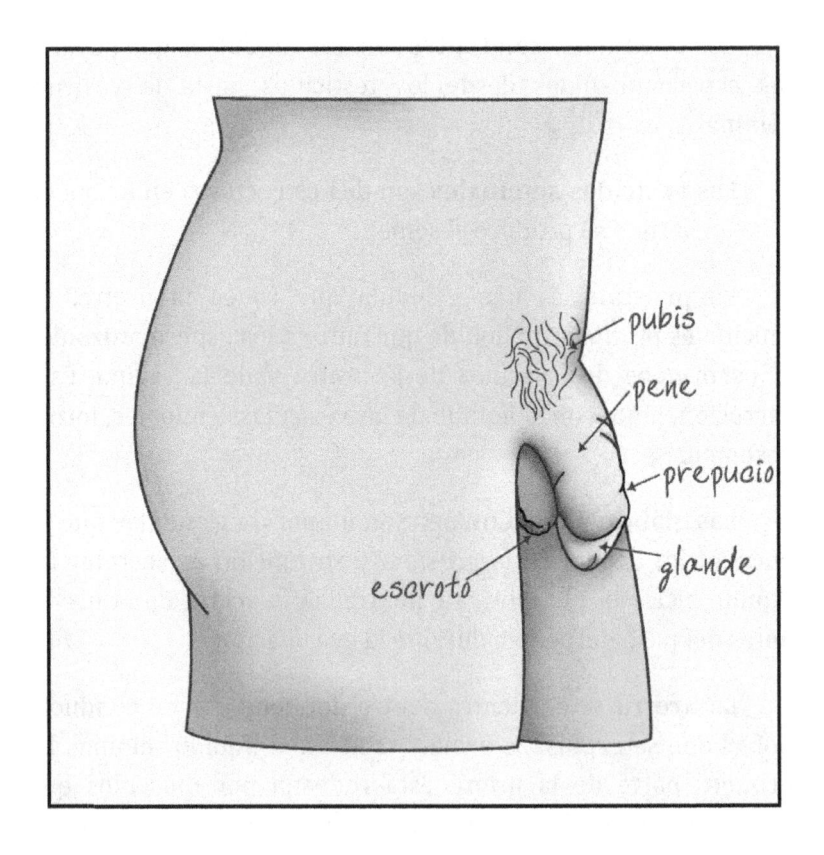

El cuerpo responde

El paso inicial y el más importante para comprender la fisiología de la respuesta sexual, fue la investigación realizada por William H. Masters y Virginia E. Johnson, quienes detectaron y sistematizaron los cambios a nivel genital y sistémico en ambos sexos y crearon el modelo de respuesta sexual humana, que es invaluable para comprender la fisiología de las disfunciones y determinar estrategias terapéuticas, pero es importante recordar que las fases no son más que la conceptualización esquemática de fenómenos fisiológicos, que el paso de una fase a otra no se observa fácilmente y que existen variaciones entre una mujer y otra.

A cualquier situación que provoca la respuesta sexual en un ser humano, el sexólogo mexicano Juan Luis Álvarez-Gayou[29], le llamó *estímulo sexual efectivo* (ESE). El ESE puede ser un estímulo externo a cualquiera de los sentidos (táctil, olfativo, visual, gustativo o auditivo) o un estímulo interno o psicológico (fantasías, sueños, recuerdos). Los estímulos sexuales efectivos inician en el organismo una serie de cambios a nivel de los órganos sexuales y a nivel sistémico, acompañados de percepciones subjetivas.

La **excitación** constituye la primera fase de la respuesta sexual y está determinada por la vasocongestión perineal; es decir, los vasos sanguíneos de la zona pélvica se llenan de sangre, causando cambios en los genitales de ambos sexos; en la mujer la lubricación vaginal, aumento de volumen y separación de los labios mayores, aumento de volumen de los labios menores, comienza una gradual verticalización del útero, y se da la erección del clítoris. En el hombre es característica la erección del pene, la elevación de los testículos y el aplanamiento del escroto.

---

[29] Álvarez-Gayou, J.L., Sánchez, D. G., Delfín, F., (1986) *Sexoterapia Integral*, México, D. F., México: Manual Moderno. P. 59.

A nivel sistémico, en ambos sexos comienza un aumento de la temperatura corporal, en la presión sanguínea, en la frecuencia cardíaca y respiratoria, así como en la tensión muscular. Se da la erección de los pezones y aumento de tamaño de las mamas.

Desde el punto de vista subjetivo, la excitación se percibe como un aumento de tensión placentera y se acompaña con el deseo de aumentar el estímulo.

La **meseta** es la siguiente fase, en la que se da una miotonía generalizada, taquicardia que varía de 100 a 175 por minuto, hipertensión arterial e hiperventilación. En la mujer aumenta la vasocongestión en el tercio externo de la vagina, disminuyendo la luz vaginal, este fenómeno se conoce como la plataforma orgásmica. También se retrae el clítoris dentro de su capuchón y el útero completa su verticalización. En el hombre se produce un incremento en el diámetro de la corona del glande, completa elevación de los testículos y la presencia de mayor cantidad de líquido pre-eyaculatorio.

En cuanto a la percepción subjetiva, la tensión aumenta y se presenta el urgente deseo de continuar con la estimulación sexual.

En el **orgasmo,** la fase vasocongestiva ha llegado al máximo y se inician una serie de contracciones mioclónicas rítmicas e involuntarias en el área genital. Es llamada también la fase mioclónica, y a partir de ella se inicia la vasodescongestión. Ocurren de 3 a 15 contracciones involuntarias, las primeras a intervalos de 8 segundos, las que disminuyen de intensidad y frecuencia. Los cambios mencionados a nivel sistémico llegan a su punto máximo,

Mujer y... ¿Sexualmente reprimida?

presentándose la miotonía de todo el cuerpo, hiperventilación e hipertensión arterial.

En el momento del orgasmo puede presentarse la eyaculación. Anteriormente se pensaba que en el hombre el orgasmo era sinónimo de eyaculación, pero no es así, aunque casi siempre son simultáneos. En 1978, Robbins y Jensen demostraron la existencia de individuos que ejercen control sobre la eyaculación y son capaces de tener entre 3 y 10 orgasmos en un coito antes de eyacular. Por otro lado, puede haber eyaculación sin orgasmo e incluso sin erección. Hasta hace poco, también existía la creencia de que en las mujeres se presentaba el orgasmo, pero no la eyaculación. Sin embargo, actualmente se conoce la existencia del Punto "G", que al ser estimulado puede originar en algunas mujeres la eyaculación femenina, que está constituida por un líquido parecido al líquido prostático en el hombre, que es desalojado por la uretra en el momento del orgasmo.

El orgasmo está acompañado de una percepción subjetiva de placer máximo, es una sensación explosiva e incontrolable de liberación de tensión, después de la cual queda una lasitud y tranquilidad total.

La **resolución** es el retorno del organismo a sus condiciones basales. En la mujer la plataforma orgásmica disminuye, el útero vuelve a su posición, labios mayores, menores y clítoris vuelven a su situación original. En el hombre se pierde la erección en dos fases, una inicial rápida y parcial y una fase final lenta y total, que termina con el descenso de los testículos. En ambos sexos los cambios generalizados retornan a sus condiciones basales y puede aparecer una fina capa de sudoración en todo el cuerpo.

La fase **refractaria** es el tiempo después de la resolución en el que el umbral de respuesta a un estímulo sexual es elevado. Su duración es variable, y más corta en los jóvenes que en los individuos mayores. La experiencia subjetiva es de no deseo de proseguir con la estimulación sexual.

En general, se habla de diferencias entre la respuesta sexual de hombres y mujeres, diciendo que la primera es más rápida que la de la mujer; que la mujer es la única capaz de tener orgasmos múltiples, que el hombre tiene una resolución más rápida y una fase refractaria mucho más notoria.

El hecho es que no existen diferencias fisiológicas que provoquen estas divergencias funcionales, en cambio, sí existen múltiples actitudes y expectativas sociales que condicionan a los hombres a responder sexualmente más rápido que las mujeres y tener resoluciones más rápidas, también se condiciona al hombre a pensar que la eyaculación es el fin último de la relación sexual, privándose de los orgasmos múltiples y alargando su período refractario, Por otro lado, la represión y negación de la sexualidad de la mujer hacen que ella tenga un proceso lento de excitación, una meseta prolongada y que muchas veces no llegue al orgasmo, lo que alarga su resolución e inhibe su eyaculación.

Disfunciones de la vida erótica

Las disfunciones sexuales son alteraciones persistentes de una o varias fases de la respuesta sexual, que provocan molestias y problemas al individuo o a la pareja. Masters y Johnson sólo las clasificaron en disfunciones femeninas y masculinas; después Helen Kaplan las consideró como disfunciones de la fase vasocongestiva, de la fase mioclónica o

Mujer y... ¿Sexualmente reprimida?

de la fase de deseo. Después Álvarez- Gayou utilizó una clasificación más completa, de acuerdo al aumento o decremento de cada una de las fases de la respuesta sexual.

Las disfunciones sexuales pueden ser clasificadas como sigue:

Fase de la Respuesta Sexual Afectada	Incremento	Decremento
Estímulo Sexual Efectivo	Cuando se da en uno de los miembros de la pareja, se presenta la disritmia, manifestada por la insatisfacción que provoca en los individuos que su pareja desee demasiado o no desee las relaciones sexuales.	Tanto en hombres como en mujeres se presenta la apatía sexual, que consiste en falta de interés y pereza para responder a un estímulo sexual.
Excitación	No hay disfunción.	En la mujer se presenta la hipolubricación, o falta de lubricación vaginal. En el hombre se dan erecciones incompletas o ausentes, es decir, incompetencia eréctil.
Meseta	En la mujer se da lapreorgasmia. En el hombre, se presenta la incompetencia eyaculatoria. En ambos casos se refiere a una meseta demasiado larga.	En la mujer no hay disfunción. En el hombre se presenta la eyaculación precoz o descontrol eyaculatorio; es decir, que la eyaculación se produce antes de la penetración, en el momento de esta, o cuando el hombre no logra llevar a su pareja al orgasmo en el 50% o más de los coitos.
Orgasmo	n ambos sexos se puede dar la multiorgasmia; sin embargo, esta no es considerada una disfunción sexual.	Tanto en hombres como en mujeres puede presentarse la anorgasmia, que es la falta de orgasmo. En el hombre puede haber

Mujer y... ¿Sexualmente reprimida?

Resolución	No hay disfunción.	eyaculación y sin embargo, no darse el orgasmo. Puede existir dispareunia en ambos sexos, cuando a causa de anorgasmia, la fase de resolución es muy larga.
Refractaria	No hay disfunción; sin embargo, puede ser motivo de consulta por ancianos que piensan que la mayor duración es disfuncional, cuando es natural en la vejez.	No hay disfunción.
(no se localiza en una fase determinada)	Dispareunia: dolor durante el coito que puede presentarse tanto en hombres como en mujeres en cualquier fase de la respuesta sexual. Vaginismo: se debe a la contracción involuntaria y dolorosa del músculo pubococcígeo, lo que ocasiona dificultades para la penetración.	

Las disfunciones sexuales pueden ser causadas por **factores biológicos** (la menor parte de las veces) como son: enfermedades en órganos sexuales o generales, la utilización de fármacos o drogas, intervenciones quirúrgicas o procesos fisiológicos naturales como el embarazo y la vejez.

También pueden intervenir **factores psicológicos**, como rasgos de carácter que influyen en el desempeño sexual, la tensión o ansiedad ante la sexualidad o en otras áreas de la vida, la culpa, la vergüenza, o trastornos de la personalidad como neurosis o psicosis.

Los factores socio-culturales y educativos tienen un papel primordial en las disfunciones sexuales, pues la educación represiva, desinformada y llena de mitos y tabúes que existe en nuestra sociedad, causan más del 80% de ellas.

En ocasiones, las disfunciones son causadas por **desequilibrios y problemas en la pareja**. Por todo ello, es sumamente importante que acudas con un profesional capacitado para que realice un diagnóstico preciso de qué factores están interfiriendo con tu respuesta sexual; para poder llegar a la terapéutica adecuada para cada persona o pareja particular.

La miseria que damos al cuerpo

En los párrafos anteriores describimos de manera breve y general el funcionamiento del cuerpo sexuado y las disfunciones eróticas que se presentan en cada una de las fases; existe mucha investigación científica con relación a estos aspectos; sin embargo, mi interés más allá de que conozcas cómo funciona o podemos hacer funcionar el cuerpo de las mujeres, es que explores qué factores afectan tu capacidad para disfrutar a plenitud de tu vida erótica. La respuesta sexual humana es fascinante, sin embargo, a pesar de estar dotadas de un aparato completo para el placer, este para muchas y por mucho tiempo de su vida, es guardado o reprimido en el armario más recóndito de tu ser femenina, o está lamentablemente limitado al placer de tu o tus compañeros sexuales.

Mujer y... ¿Sexualmente reprimida?

Por otra parte, la liberación sexual de los años 60as, si bien es cierto trajo grandes ventajas a las mujeres en este tema, que junto con la píldora anticonceptiva, que favoreció que muchas mujeres disfrutaran más de sus relaciones sexuales, sin el temor de un embarazo no deseado, no ha sido lo suficiente para que las mujeres puedan explorar toda la potencialidad erótica de las que son capaces.

Las disfunciones de la vida erótica actualmente siguen siendo un tema de salud sexual importante, pocas son las mujeres que acuden a atenderse alguna de las disfunciones que podrían estar viviendo y cuando van, asisten con vergüenza. Mujeres en México y seguramente en muchos más países, al entrar cada vez más a los ambientes de competencias laborales, dejan a un lado al ya de por sí abandonado mundo de los placeres y los deseos.

Para algunas (no pocas), es "normal" no sentir deseo, se acostumbran a no tener orgasmo. La vida en la actualidad está diseñada para anular los deseos sexuales de las mujeres, la supuesta liberación sexual es solo uno más de los cuentos que nos contamos, para no explorar más allá, pues nos conformamos ahora con solo aprender técnicas para masturbarnos, comprar juguetes sexuales y si acaso tener amigos cariñosos, para cuando la tensión sexual se acumula.

Entramos en el campo del comercio sexual, y no me refiero al sexo servicio, sino al comercio en el cual, compramos amor a partir de ofrecer placer sexual, y nos decimos liberadas porque lo que menos pretendemos es un compromiso con el otro o la otra, según tu preferencia sexo-erótica; pero al final hay un vacío.

Para las mujeres casadas o con pareja estable, el tema no es tan afortunado, muchas viven con el rencor de una relación que en muchos casos se ha ido desgastando, y en el que el principal objetivo de la pareja es mantener, eso, la supuesta estabilidad que tienen, ya sea económica, social o familia. Solo por poner un ejemplo, a mi consulta llegan mujeres que fueron "engañadas" por sus parejas, que siguen con ello/as, a quienes dicen amar, pero a quienes no les perdonan y viven reprochándoles por haber tenido una relación sexual y/o afectiva con otra mujer. Las mujeres seguimos pensando que la pareja nos pertenece, manteniendo la creencia... "y fueron felices para siempre", aunque su relación erótica este en lo que David Barrios llama la "miseria sexual", con las consecuencias que toda miseria acarrea.

"Vivir en miseria sexual... es vivir experiencias desagradables insatisfactorias. V:... quedarte frustrado, prepararte para un coito, no tener todo tu orgasmo, que sea rapidísimo y que inclusive te lastime, que no lubrique... D: Todo eso. No sólo es decepcionante, sino como tú bien lo dices, frustrante. Y hay dos respuestas muy probables a la frustración: una es la agresión... hacia la pareja, hacia el mundo, porque no hay cosa más frustrante y más dura que cancelar el acceso al placer. Es como una victimización del "yo", una amputación de la personalidad... Y la otra respuesta que observo muy comúnmente consiste en cuadros de melancolía, depresión y ansiedad derivados de esta enorme insatisfacción."[30]

Otras mujeres, que después de un matrimonio, deciden quedarse sin compañero, lo cual, es una elección probablemente muy acertada para ellas, cancelan también el

---

[30] Ortiz, V. y Barrios, D., (2013), *Placeres y parejas. Sexualidad, erotismo y cuerpos*. México, D. F. Editorial Pax México. P.p. 41-42.

Mujer y... ¿Sexualmente reprimida?

mundo de los placeres, viven para sus hijos, en caso de que haya, y/o se envuelven de trabajo muchas con la satisfacción de ser exitosas, en el mundo que se han ganado. Pero con pocas recompensas que cumplan con sus placeres y sus deseos, lo cuales, muchas veces se mantienen reprimidos.

Y este panorama es solo el de muchas mujeres en un ambiente urbano, con un nivel económico medio, con carreras profesionales o trabajos que les han permitido ser autosustentables y tener acceso a un panorama amplio y más abierto que en los lugares en los que yo he tenido la oportunidad de compartir. Me refiero a las comunidades rurales o indígenas, en los que los cuerpos de las mujeres están limitados solo al servicio de los hombres y a la procreación de hijos que muchas veces ni siquiera desean. El placer y deseos sexuales son un lujo, en el mejor de los casos, en muchos ni siquiera es considerado como posibilidad para disfrutar la vida.

En este último punto, solo quiero retomar un tema que para las mujeres rurales o indígenas merma aún más, su ya carente placer sexual. En los talleres que imparto en las comunidades indígenas es común el tema de la histerectomía,[31] pues en muchos casos, es motivo para cancelar su vida sexual, pues tanto ellas como sus parejas, consideran que han quedado "huecas", y que con esta operación dejan de ser mujeres, pues por una parte no distinguen, anatómicamente, la vagina del útero, y por otra, la creencia asociada a la maternidad, o al menos la posibilidad de serlo, está asociada a la identidad de las mujeres. Para muchas mujeres en este contexto, resulta que es una manera en la que sus parejas dejan de "usarlas", lo cual es un beneficio, pero en otro sentido se sienten menos mujeres, devaluándose, a sí mismas aún más.

---

[31] Operación quirúrgica que consiste en quitar el útero total o parcialmente.

Y no dudo que a nivel simbólico, al menos, muchas mujeres en contextos más favorables, social y económicamente compartan las mismas sensaciones de minimización y desvalorización de su femineidad y sexualidad. Pues muy lamentablemente, parece que muchas mujeres hemos liberado el cuerpo, pero no la mente, y mucho menos nuestro tan valioso y potente, erotismo.

Las disfunciones eróticas están en el género

Quiero compartir contigo algunas reflexiones que me surgieron a partir de la conferencia, que mi amiga y maestra Alma Aldana García, presentó en el pasado Primer Encuentro Internacional de Sexología Humanista y Científica, que se llevó a cabo en Puerto Vallarta, hace apenas unos meses[32]; pues en gran parte es de Alma, que he aprendido a cruzar, los discursos de género y el erotismo en mi práctica profesional, tanto en la educación no formal como ahora en la psicoterapia sexual y tercero porque la maestra Aldana, retomó en su conferencia algunas de las aportaciones de Judith Butler[33] con respecto al género y las aterriza de manera conveniente, práctica y sencilla, al tema de las disfunciones sexuales, lo cual, nos puede dar una luz del por qué nuestro placer es un asunto que deberíamos tomar muy en serio las mujeres.

"El erotismo transcurre en el escenario de la represión simbólica de una cultura, y despliega sus poderes en dos planos: en el espacio de lo privado y en el de lo público; depende de factores económicos, sociales, políticos, culturales y psicológicos

---

[32] Aldana, A. 2018. *Perspectiva de Género en la Psicoterapia Sexual*. En D. Barrios. Primer Encuentro Internacional de Sexología Humanista y Científica, conferencia llevada a cabo en Puerto Vallarta.

[33] Judith Butler, Es una filósofa post-estructuralista que ha realizado importantes aportes en el campo del feminismo, la sexualidad, la filosofía política y la ética.

Mujer y... ¿Sexualmente reprimida?

de cada época, en cada país, grupo, familia y persona." Aldana, 2018.

El género subsiste en un mundo sexualmente limitado y reprimido, en el cual, se crea al mismo tiempo que es ejecutado. Si esto es así, el erotismo, lo que las mujeres y los hombres experimentan en lo privado de sus habitaciones (por mencionar algún lugar), con la intimidad de sus cuerpos, es realmente la demostración de una sexualidad manifiesta o negada, transfigurada, por una subjetividad atravesada por lo público y socialmente determinado, es decir, las mujeres no llegamos al momento sexual solas, vamos cargadas de las creencias y "fantasma", de lo que nos dijeron que era la intimidad entre una mujer y un hombre, esto en sí marca el tipo de relación que establecemos con lo que para nosotras significa una relación heterosexual, independientemente de nuestra preferencia.

La sexualidad dentro de la teoría feminista ha sustentado que la sexualidad siempre se construye dentro de lo que determina el discurso social y el poder. Y este último se entiende parcialmente, en función de convenciones culturales, heterosexuales y fálicas. Afirmar que el género está construido, no significa que sea ilusorio o artificial, producción discursiva que hace aceptable esa relación binaria. Algunas configuraciones culturales del género ocupan el lugar de lo "real" y refuerzan e incrementan su hegemonía a través de esa feliz "autonaturalización", actuamos lo que pensamos.

En función de lo anterior y desde un análisis que sume al origen de las disfunciones sexuales, podríamos entender la manera como las disfunciones sexuales, son configuraciones insertadas en los cuerpos de las mujeres y los hombres en una diada, casi macabra e inconsciente que mantiene la hegemonía señalada, solo que esta vez, desde la no tan feliz "mutua naturalización" de los cuerpos castrados de hombres y mujeres. El cuerpo, y cómo éste se expresa en lo cotidiano, en el cómo se atrapa por modas a hombres y mujeres, da como resultado que las mujeres sean sumisas y codependientes, con poco o nulo deseo, complacientes. Generalmente, se encuentren "desgenitalizadas" en tanto los hombres se "genitalizan" y a la vez están "descorporalizados", como lo señala Alma Aldana.

Desde las diversas miradas del psicoanálisis, a partir del análisis, nada sencillo de Butler[34], simplemente parece no haber salida. Las mujeres son vistas desde y a partir del referente falocéntrico discurso, imperante y constitutivo de las aproximaciones psicológicas, entre las que se encuentran, claramente representadas teorías psicoanalíticas. Bajo estos discursos, claramente podría plantearse un callejón sin salida, para las mujeres y para los hombres; que puede verse reflejado en su cotidiana interacción erótica, pues es a través de sus cuerpos que reproducen dichos discursos, siempre dentro de un contexto determinado por no solo la cultura, sino también por la ciencia que los multiplica y la experiencia personal y de pareja que los valida.

Con Freud, "la identificación de género", es una especie de melancolía, en la cual el sexo del objeto prohibido es internalizado como prohibición, pues sanciona y regula, discretas identidades de género y la ley del deseo heterosexual. La melancolía heterosexual y las disfunciones sexuales, son culturalmente constituidas y mantenidas como el precio a pagar, por identidades de género estables (en lo erótico, muchas veces aburridas), a través de deseos oposicionales.

---

[34] Butler, J. 19 El Género en Disputa. Mayo de 2016, Libro electrónico (epub), Paidós, Barcelona España.

Mujer y... ¿Sexualmente reprimida?

"Así, la lectura corporal del amor, deseo, orgasmo, sentimientos significan cosas diferentes para hombres y mujeres. Cada uno habla, lee y entiende este lenguaje desde su género rígido y eso es lo que no permite el comprenderse. En las disfunciones sexuales esto se refleja de manera muy clara e importante. Deshacer el género y crear el propio y no el impuesto, hace posible el ser nosotras mismas".[35]

Y es en este discurso limitado de las relaciones entre mujeres y hombres, en el que el erotismo se va diluyendo y es negado a las mujeres, quienes se construyen para los hombres, para los hijos, para los otros; sublimando, reprimiendo, transfigurando, cual seres inconscientes productos de un sistema que nos anula. Y somos nosotras mismas, que en algunos... muchos casos, sostenemos junto con los hombres, este sistema sublimado y reprimido del placer y en consecuencia de la vida.

La cultura y el género son productos sociales, han sido socialmente construidos, como son construidas las disfunciones sexuales por género, lo que constituye la persistencia del cuerpo en los patrones de sus contornos, sus movimientos, es lo material[36].

El cuerpo mismo es consecuencia de una serie de tabúes que lo demarcan en virtud de sus límites estables. Tabús que se agudizan en aquellos aspectos vinculados al erotismo, en los que el cuerpo deja de sentir, deja de saberse, deja de mostrarse y disfrutarse. De ahí que la propuesta que lanza Alma Aldana, es enfática y clara: "Demos más posibilidades para deconstruir las disfunciones sexuales y abramos el abanico para expresar

---
[35] Aldana, A.Op. Cit.
[36] Aldana, A.Op. Cit.

sentimientos, erotismos, placeres, formas de ser y de representarse ante lo social."

Antes de la transformación de un hombre o una mujer biológicos en un hombre o una mujer con género, "cada niño y niña cuenta con todas las posibilidades sexuales disponibles para la expresión humana.

Actuamos como si ser hombre o ser mujer fuera una realidad interna o algo que es verdadero acerca de nosotras. Realmente se trata de un fenómeno producido y reproducido todo el tiempo, como si solo actuáramos el papel dentro de una obra de teatro, en el cual ni siquiera somos las protagonistas, y lo reproducimos una y otra vez. Si comprendemos que nadie es un género realmente, para empezar; y en este sentido, nadie es una función o disfunción, menos aún cuando se trata de sexualidad y erotismo, pues contamos con todo un potencial erótico y cualidades para desarrollar nuestro *ser mujer* a cada momento de nuestra existencia.

Liberando tus placeres y deseos

La mujer liberada, la mujer sexual, la mujer sensual, la mujer salvaje, la mujer amante, la mujer cuerpo, la mujer pasión, la mujer de los sentidos, la mujer alquimia, la mujer tierra, la mujer hechicera, la mujer divina, la mujer diamante, la mujer rubí, la mujer de la luna, la mujer de los placeres prohibidos, la mujer de fuego, la mujer que danza, la mujer lluvia, la mujer de luz, la mujer de los pantanos, la mujer florecimiento, la mujer profunda, la mujer sabia, la mujer imperio, la mujer guerrera, la mujer de sueños infinitos, la mujer de arcilla, la mujer de agua dulce, la mujer mar, la mujer sirena, todas en una sola... Tú.

Mujer y... ¿Sexualmente reprimida?

Cuando eres tú, eres el mundo, y sus placeres están a tu disposición, cuando eres tú lo simple se transforma en maravilloso y fantástico, tu energía sexual se pone al servicio de la vida y lo sagrado, es decir de ti misma. ¿Estás lista para disfrutar de este mundo mágico?

El mundo de los placeres hace referencia a la capacidad que tenemos las mujeres para disfrutar a través de todos nuestros sentidos, desde aquello que nos gusta, hasta aquello con lo que nos excitamos y podemos lograr un orgasmo. Cuando hablamos de la respuesta sexual, nos limitamos en los aspectos más evidentes que nuestro cuerpo presenta, pero a partir de este punto ampliaremos la noción de lo erótico, a la experiencia amplificada que cada mujer puede llegar a tener.

Primero te pido que conectes con tu cuerpo y lo que disfrutas a través de tus sentidos, ¿cuál es el sentido que has desarrollado más en términos de disfrute?, ¿es el mismo sentido por medio del cual puedes excitarte?, ¿en tus fantasías sexuales cuál de tus sentidos notas que es el que se presenta en ellas?, ¿qué objetos o situaciones prefieres en tus relaciones íntimas? ¿Hay algún elemento que predomine en tus experiencias eróticas? ¿Qué te encanta hasta el punto que no puede faltar? ¿Hay alguna situación que es exclusiva, la cual sea la única manera para que logres excitarte o lograr el orgasmo?

Como te darás cuenta, existen niveles del deseo, así como hay una gran diversidad de estímulos. La expresividad o *manifestación erótica* es infinita para las mujeres, el sexólogo mexicano Juan Luis Álvarez-Gayou, definió la diversidad como expresiones comportamentales de la sexualidad[37], el doctor

---

[37] Álvarez-Gayou, J.L., Sánchez, D. G., Delfín, F., op. Cit. 34-54.

David Barrios[38] le llama manifestaciones de la diversidad sexual, para mi es la manifestación del amor a través de los sentidos.

Cualquier objeto, situación, persona, elemento de la naturaleza o artificial, real o fantaseado es susceptible de ser erotizado por ti. Y la puesta en práctica de ese deseo, es responsabilidad tuya, entendiendo que las personas podemos hacer lo que queramos siempre y cuando no dañen a terceros y que los que participen, lo hagan voluntariamente y con conocimiento de las consecuencias de sus actos.

Puedes disfrutar del escuchar, palabras, música, sonidos de la naturaleza, etc. o te gusta hablar en el nivel erótico, por ejemplo hay quienes les gustan las palabras que en otros contextos nunca dirían; hay parejas que parte de su disfrute en la intimidad comparten la experiencia de defecar u orinar; gusto por ver los cuerpos o expresiones amorosas de otras personas, lo que llamamos voyeurismo; tal vez a ti te excita ver películas eróticas o sexualmente explícitas; gusto de mostrarse o ser vista por otros; gusto de obtener y poseer objetos o pertenencias de determinada (s) persona (s), ¿eres de las que guarda alguna prenda de tu ser amado?; gusto por las plantas y las flores; gusto o placer por el peligro o el temor; gusto por la comida o el comer; gusto o atracción por personas de mayor edad; gusto por la palabra escrita, o ver representaciones gráficas figurativas como dibujos, fotografías, etc.

Tal vez recuerdas cuando adolescente o en la actualidad escribías poemas o dibujabas en tus cuadernos; gusto por el agua, ¿te gusta o gustaría tener una experiencia erótica en la regadera?; gusto o placer por el intercambio de pareja, a nivel

---

[38] Ortiz, V. y Barrios, D. op. Cit. p. 163.

Mujer y... ¿Sexualmente reprimida?

de fantasía o en la realidad, como en los swinger; gusto por el dolor físico, la sumisión o vejación o incluso dependencia notoria de otra persona; gusto por el autoerotismo, tocarte o estimularte a ti misma; gusto o atracción por lo muerto, lo relacionado a la muerte o la muerte en sí, por ejemplo en México a un nivel no erótico somos una cultura que venera cada 2 de noviembre a sus muertos.

Pero la lista sigue: gusto o atracción por personas notablemente menores (15 años menores), en el mundo hay mujeres que prefieren relacionarse con personas más jóvenes (mujeres cougar); gusto de relacionarse con varias personas en forma simultánea, la polirelación o el poliamor; gusto por establecer relaciones con una persona a la que no se conocía previamente; gusto por los olores; gusto de causar dolor físico, someter, vejar o hacer que otros dependan de ellas; gusto por utilizar prendas, manerismos, expresiones, accesorios, adornos, lenguaje e incluso comportamientos característicos del otro sexo en la cultura de la persona, hay mujeres que gustan de utilizar las camisas o prendas de sus compañeros sexuales; gusto por tocar a otros o ser tocado; gusto o afecto especial por los animales de otras especies.

Como ves, hay una gran diversidad de placeres, estas son las más estudiadas por ser, o las más comunes o las más extrañas, o las que están surgiendo con la información que existe de las diferentes culturas.

Tal vez algunas manifestaciones de la lista te hayan parecido, simples o sin ningún "chiste" como decimos en México; con algunas tal vez pudiste identificarte a nivel erótico, y con otras muy probablemente te sentiste asqueada; esto se debe a que por una parte, como hemos visto el mundo de los placeres ha sido muy reprimido, y cuando en una cultura la sexualidad se reprime, surgen expresiones muy diversas intentando compensar esa limitación; cuando las personas disfrutan lo simple lo cotidiano, la energía se libera y listo, o se queda a nivel de fantasía.

Por otra parte, también es cierto que hay diferencias en los gustos de mujeres y hombres, es probable que con alguna de tus parejas sexuales no hayas coincidido en el tipo de placer o deseo para disfrutar de una experiencia erótica. Una de las más comunes quejas de las mujeres en consulta, es que sus parejas disfrutan de ver películas llamadas "pornográficas" y a ellas les parece en algunos casos asqueroso, en otros ofensivo y en otros casos pueden incluso, experimentar celos. Recordemos que somos **diferentes**, los hombres en su gran mayoría son visuales mientras que nosotras somos más táctiles o auditivas, nos gustan más las caricias u otras manifestaciones amorosas.

Más allá de lo que te guste o no disfrutar en tus encuentros eróticos, vamos a comentar algunas maneras en las que puedes potencializar tu energía sexual. Y para esto me apoyaré de algunas sugerencias que la sexualidad tántrica nos aporta.

Mi encuentro con la Sexualidad sagrada

La sexología en occidente se ha encargado de explorar de manera científica todo lo relacionado a la sexualidad, con una mirada enfocada al conocimiento, que surge de un modelo de pensamiento con bases médicas en su mayoría. En México, no es casualidad que los principales sexólogos estén formados en el área de la salud; gracias a esto es que tenemos investigaciones que aportan luz a la vivencia de la sexualidad y los placeres de las mujeres y hombres. Hay por supuesto estudios muy importantes en las áreas sociales, que amplían y

Mujer y... ¿Sexualmente reprimida?

cuestionan, desde otras miradas, esta tan fascinante dimensión humana.

De manera personal, inicie mi carrera como sexóloga simultáneamente a mi carrera como psicóloga, lo cual generó un conflicto mental y una crisis existencial en mí. La manera de entender al ser humano en una y otra disciplinas era en algunos aspectos distinta; pues en tanto que la sexología intentaba romper con etiquetas estigmatizantes, ampliar las barreras de lo estadísticamente normal, despatologizar el comportamiento humano y unir a las personas para un ejercicio y respeto pleno de los derechos humanos; en la carrera de psicología intentaban enseñarme a clasificar, categorizar, patologizar y argumentar lo enfermo del ser humano, dividir lo normal, sano y bueno, de lo anormal, enfermo y malo. Afortunadamente tuve maestros en la facultad con una visión más amplia; ¿aprendí a categorizar de acuerdo a los enfoques psicológicos que me mostraron? Sí, pero también aprendí a cuestionarlos y a ver que existen muchas maneras de comprender el comportamiento de las personas, y que ningún enfoque, es absolutamente propietario del conocimiento y saber humano.

Y te comparto lo anterior, porque hace unos pocos años que entre en otra nueva crisis, ya no en conflicto, afortunadamente, pero si la crisis entre el marco conceptual y filosófico del modelo de sexualidad científico de occidente y el modelo espiritual de la sexualidad sagrada de oriente.

Hasta hace unos pocos meses, difícilmente hubiera incluido este apartado en el libro, pero quiero compartir contigo dos eventos que han marcado mi vida y que a pesar de la distancia, entre uno y otro, son los que me llevan a considerar incluir la sexualidad sagrada para ti.

En un congreso de sexualidad científica al que hace algún tiempo me invitaron, se abrió un taller de sexualidad tántrica, al cual muy gustosa asistí, pues algunas colegas y amigas me hablaban de la importancia de aprender para compartirlo con mis grupos; todo indicaba que no era el mejor momento para tomarlo, no había el lugar adecuado, la facilitadora se notaba claramente molesta, con algunos detalles de la organización, en fin; déjame decirlo de esta manera "la energía no era lo que yo esperaba de una taller de sexualidad sagrada", pero eso no fue lo peor, al final del taller me sentía como nunca antes me había sentido, cuando digo nunca antes te juro que no exagero, sentía una profunda soledad, tristeza, sensación de abandono, y mi cuerpo se sentía incómodo, pesado y molesto; cuando horas antes yo era la mujer más feliz de estar en ese congreso. Curiosamente, mi compañero con el cual compartí la experiencia, durante el taller estaba pasando un proceso de duelo por la pérdida de una relación de 35 años.

Días después, acudo con una persona que trabaja con el manejo de energías y el tantra, y me explicó que lo que yo había experimentado era que me había cargado la energía de mi compañero, y que esas emociones que yo experimente no eran mías, sino de él. Mi cabeza racional no lo entendía, pero puedo asegúrate que mi cuerpo sí. En ese momento tomé la decisión de prepárame seriamente en la sexualidad sagrada, pues lo que yo había experimentado, seguro tenía una explicación, la cual no la encontraría en la sexología convencional.

De inmediato tome acción y actualmente sigo preparándome en dicha disciplina; sin embargo, aún hay más. La segunda experiencia que te comparto, la viví después de concluir la certificación de Sex coach, con enfoque en sexualidad sagrada; durante el retiro de graduación. Sin dar

Mujer y... ¿Sexualmente reprimida?

mayores detalles, puedo decirte que ha sido una experiencia de iniciación maravillosa, divina, extraordinaria; una activación de mi energía sexual, conmigo misma y sin necesidad de tener coito, ni contacto físico con alguien más (por si te estabas imaginando una orgía o algo así, al menos no fue aquí). Pero como en la experiencia anterior, no terminó ahí, lo sorprendente, al menos para mí, es que después de años (muchos), de no tener una pareja amorosa, a los pocos días de haber regresado del retiro, un enamorado mío, me busca para iniciar con él una relación. Tal vez sea una muy grata coincidencia, pero lo que sí es cierto para mí, es que desde que estudio y practico la sexualidad sagrada, me siento placenteramente diferente; anteriormente con dificultad alguien se acercaba a mí, ahora recibo invitaciones de amigos como nunca antes. Y lo mejor es que mi vida se ha potencializado en todas las áreas de mi vida.

El tantra y la Sexualidad sagrada

El sexo tántrico tiene más de 4000 años de antigüedad y es algo mucho más profundo que una mera técnica sexual de oriente. Tiene como base el Tantra, que en sánscrito quiere decir red o secreto. Una filosofía que tiene como fin conocerse más a uno mismo a través de la sexualidad, el amor, la meditación, la alegría, el arte y la belleza.

---

[39] Imagen publicada en: https://blogs.mujerhoy.com/sexo-y-placer/2018/01/05/que-hay-detras-de-la-moda-del-tantra.html

Mujer... ¿Sexualmente reprimida?

Hace miles de años, precisamente el sexo era practicado entre dos personas para llegar a la máxima conexión espiritual. Pero lo fundamental es saber que el sexo es solo una faceta más de este ya, hoy en día, modo de vida.

"El mal llamado sexo tántrico no existe como tal. En todo caso, una persona tántrica podrá experimentar el sexo de una manera determinada. Así, en el encuentro en la cama con un otro tendrá una libertad emocional para poder entregarse al cien por cien en ese intercambio y al tener su cuerpo reconectado con sus emociones y con su sensibilidad, el placer sexual (que siempre es emocional) se presenta más intenso, más comprometido, más relajado. No se trata de posturas, ni rituales, ¡ni de tiempo o duración! Es la actitud tántrica lo que ofrece al practicante sorpresas en el terreno de lo sexual y no al revés".[40]

El sexo tántrico en 10 palabras es: presencia, encuentro, conexión, vulnerabilidad, confianza, expansión, amor, totalidad, divinidad y creación. La médula del tantrismo está representada por el culto a la Divinidad en su aspecto femenino, la adoración de la vertiente femenina de todo el proceso cósmico, la tentativa persistente por reconciliarse y asimilarse con la potencia femenina que rige, dinamita, mantiene modifica el cosmos. A esa energía se le denomina Shakti.

Para la mística india, Shiva es el sustrato del universo, el Ser, lo Incondicionado, la Conciencia Pura. Representa la pantalla cósmica y sin límites, estática e infectada, quieta como un océano en calma total. Es la energía estática, gracias a

---

[40] En: https://www.harpersbazaar.com/es/cultura/viajes-planes/a318711/tantra-mucho-mas-que-una-practica-sexual/

la Shakti, con un enorme poder cinético, crea todos los planos esferas y universos. Shiva es el Hombre cósmico en reposo, en tanto que Shakti, es la Mujer cósmica en movimiento, fecundando, creando, emitiendo y reabsorbiendo, generando formas sin cesar.[41]

Sin intención de profundizar en esta filosofía de vida, pues no es la intención ahora, si puedo hacer notar, que la manera de ver lo femenino y lo masculino[42], cambia radicalmente con relación a la cultura de occidente, pues la energía femenina es vista como activa y dinámica, entretanto la energía masculina, como pasiva y estática.

La mujer reprimida, en el tantra, simplemente es impensable, pues es ella quien libera la energía para la creación, la que danza y danza, pues con sus movimientos imita los movimientos del cosmos; esto, siempre y cuando se conecte con su energía femenina, pues según Guillermo Ferrara, escritor, filósofo, maestro de yoga y tantra; mujeres y hombres tenemos ambas energías, y lo que se encuentra con la sexualidad sagrada, es la totalidad, la unión con lo divino, con el cosmos.

Las principales causas de la represión sexual son el poder y el control; para Ferrara, "Cuando se ha reprimido a una mujer es porque ella, con el movimiento de sus caderas, con una sola mirada, con el vaivén de sus sensuales cabellos, puede derrumbar todo un imperio. El hombre tiene miedo de compartir el poder, por eso ha reprimido a las mujeres. Cleopatra enloquecía a los hombres sólo con su perfume... Es

---

[41] Calle, R., (2016), *Amor Mágico y la sexualidad sagrada*, Málaga, España, Sirio.
[42] Cabe señalar que lo femenino y masculino, no se refiere necesariamente a los cuerpos sexuados de hombre o mujer, sino a energías distintas con igualdad de importancia. Al menos así lo comenta Guillermo Ferrara.

muy fácil al hombre perder su conciencia cuando se enamora, por eso ha poseído en lugar de amar en libertad.... Ahora la energía femenina se ha despertado en todo el planeta intentando liberarse y ocupar su lugar natural... La conciencia universal se está encargando por todos los medios que la Shakti se desenrolle y perfume con sus virtudes a este planeta."[43]

Técnicas para liberar a la Diosa sexual

Las siguientes técnicas y ejercicios combinan las herramientas tanto de la psicoterapia sexual como algunas técnicas de la sexualidad sagrada; la diferencia básica entre ambas herramientas, es de donde surgen; ya que para la psicoterapia intenta resolver un problema en el ámbito de la salud sexual, y el tantra es una manera de elevar la consciencia cósmica. La primera se sitúa en la dimensión de lo humano y la segunda de lo divino. No importando desde donde quieras poner en práctica estos ejercicios, puedo asegúrate que tu vida como mujer se verá placenteramente beneficiada.

Respira placenteramente

Respirar un acto tan natural que pocas veces, hacemos consciencia de su importancia. Una buena rutina de respiraciones implica respirar de forma suave, profunda, rítmica, fluida y placentera; dejando gran cantidad de beneficios, como son: mejora de la circulación sanguínea y disminución del riesgo de padecer enfermedades cardiacas; ayuda a eliminar más fácilmente las toxinas de nuestro cuerpo; mejora del tránsito gastrointestinal y un óptimo

---
[43] Ferrara, G. (2018), Documento para la Maestría en sexualidad tántrica, envió 3; Escuela Internacional de Iluminación Guillermo Ferrara.

funcionamiento de los órganos abdominales debido a los movimientos masajeantes del diafragma durante la respiración; mayor rejuvenecimiento de las glándulas y de la piel; mejora la actividad cerebral y mental, que repercute en nuestro estado de ánimo; mejora de la elasticidad de los pulmones; ayuda a quemar más fácilmente las grasas, y proporciona un correcto nivel de alimento a los tejidos y glándulas.

A través de la respiración entrará nueva energía y se eliminan las tensiones y energías aletargadas. La respiración, la conciencia meditativa y la sensibilidad son pilares fundamentales para que las danzas reporten sus efectos beneficiosos. Cuando danzas usas la respiración como medio para elevar la combustión espiritual interior; de la misma forma que el aire aviva el fuego, la respiración consciente lo hace con el espíritu.

Sin dejar que la mente interfiera con pensamientos o con preocupaciones futuras, la respiración te instala en el momento presente, de ahí su importancia y vinculación con lo eterno.[44]

Mírate al espejo

Una de las primeras prácticas que sugiero a mis consultantes es que se miren el rostro, frente al espejo, unos 3 minutos, durante 3 días seguidos, y continúen otros 3 días más, pero mirando su cuerpo desnudo, mientras van reconociendo las sensaciones, emociones y pensamientos que van surgiendo. Generalmente lo primero que observan, son los juicios que tienen sobre su cuerpo, los adjetivos que las descalifican; pero conforme van practicando, les pido que

---

[44] Ferrara, G. op. Cit.

Mujer y... ¿Sexualmente reprimida?

vayan cambiando esas ideas por pensamientos de aprobación y amor a sí mismas.

Desnúdate y disfruta

El cuerpo se ha cubierto a lo largo del tiempo, por las inclemencias del clima, por estética, pero también por vergüenza; es muy lamentable que nos hayan heredado la creencia de que el cuerpo debe ser cubierto, porque es vergonzoso, y no pretendo que salgas a la calle desnuda, como una expresión de tu libertad sexual; a menos que lo uses como protesta; me refiero a que incluso en la privacidad del hogar o de tu habitación, la desnudez ni siquiera había sido una opción.

Busca espacios y tiempos para desnudarte y pasear dentro de tu hogar, sola o en compañía de tu pareja, ¡pero desnúdate! y aprópiate de tu cuerpo, de tu espacio y del lugar donde pisas; duerme desnuda, nada desnuda y si tienes oportunidad de salir a la naturaleza en un lugar privado y pasear aunque sea unos minutos sin ropa, ¡hazlo!, si te a través, visita una playa nudista; en México y en otros países puedes encontrar algunas. Nota si tan solo al pensarlo, llegan a tu mente juicios, creencias que te han limitado para apropiarte de tu desnudez, y cámbialas por orgullo y aceptación.

Danza seduciendo a la vida

Las mujeres de casi todas las culturas y de todos los tiempos danzamos. Es a través de la danza que la mujer renace y vibra, transmitiendo su energía femenina creadora a todo su entorno.

La danza es meditación dinámica para la mujer y el hombre, cuando te dejas seducir por la música, permites que tus células se expandan; por eso la musicoterapia actualmente es tan efectiva, y si combinas la música con los movimientos rítmicos de tu cuerpo, imagina la potencia de vida para ti. La danza a diferencia del baile, no sigue unos pasos predeterminados, ni está en función de los movimientos de la otra persona necesariamente, cuando bailas muchas veces estas fuera de ti para armonizar los pasos con la otra persona; en la danza te conectas con el entorno, entregándote al momento, sin pasos previamente aprendidos, y en esa conexión puedes invitar a tu compañero, a una danza donde ambos se fusionan y se rinden como Dioses a la vida.

Las tradiciones religiosas occidentales, sobre todo la cristiana ha prohibido hace siglos todos los rituales y bailes donde se le rezaba a la parte femenina de Dios. Esto ha condicionado tanto el cuerpo, como el alma, alejando a las personas del contacto con las fuerzas mágicas de la naturaleza. La danza abre la conciencia, despierta el erotismo y la sensualidad de la energía en el cuerpo, esto es expresión de la alegría de vivir.[45] Guillermo Ferrara, enlista una serie de beneficios de la danza tántrica como sigue:

-Equilibra emocionalmente

-Refuerza la confianza en una misma

-Dulcifica los rasgos faciales y la expresión del cuerpo

-Libera tensiones profundas

-Se traslada la alegría y bienestar a la vida cotidiana

-Eleva la energía kundalini[46]

---

[45] Ferrara, G. op. Cit.
[46] La energía Kundalini nace del chakra del mismo nombre, en la base de la columna vertebral y se cree que al despertarla, ésta sube como una serpiente, por los demás chakras, produciendo a su vez cambios en nuestro ser y promoviendo nuestra evolución espiritual.

Mujer y... ¿Sexualmente reprimida?

-Corrige malas posturas físicas, eliminando dolores de espalda y tensión en los hombros

-Desbloquea la zona genital, lo cual aporta un mayor disfrute del sexo

-Favorece tanto el parto como la menstruación femenina

-Despierta el poder espiritual

-Aumenta la creatividad y el entusiasmo

-Silencia la mente en forma rápida

-Profundiza la forma de respirar

-Conecta a la persona con la Creación

-Se afina la sintonía con la intuición, la libertad y el gozo

-Fortalece el alma

<u>Dale el permiso a tu mente para las fantasías eróticas</u>

Las mujeres hemos estado tan reprimidas sexualmente, que incluso nos sentimos "malas" o "sucias", si tenemos fantasías sexuales, al inicio te comentaba de lo que a mis grupos digo, con relación a la mutilación del clítoris, que se practica en algunos países, y cómo es que en algunas de nosotras la mutilación, la realizaron metiéndonos juicios y creencias limitantes entorno a nuestros placeres. Además de que existe la creencia, en algunas personas, que si deseas algo vas necesariamente a querer realizarlo y en consecuencia lo haces. Ojalá fuera así de sencillo, podríamos tener la fantasía de cruzar el Océano Atlántico, y sin más lo realizaríamos, obviamente hay límites, físicos, tecnológicos, biológicos,

---

Cuando el Kundalini llega a la coronilla, se produce una experiencia mística única, que algunos han descrito como un estado de trance profundo en el cual la conexión con el mundo espiritual se vuelve evidente.

sociales y mentales. Ya hablamos de la ética de la sexualidad, la cual, opera también, como límite en estos casos.

Sin embargo, si no eres libre ni de tus pensamientos, mucho menos de las decisiones y acciones que desearías vivir para tu vida erótica. Cómo quieres tener una relación, sexualmente placentera, en la cual, la mujer bajo el esquema de la sexualidad sagrada requiere de dinamismo, creatividad y libertad.

El Tantra tiene algunas visualizaciones sobre fantasías eróticas. Estas hacen que la energía se despierte y circule inmediatamente. Cuando una mujer fantasea sexualmente, genera deseo y despierta automáticamente la energía. Las fantasías pueden ser usadas al principio del acto en forma meditativa y pueden ser de cualquier índole, pero luego que la energía esté en movimiento, hay que centrarse en lo real, en tu pareja cósmica y comulgar ambos con el momento presente.[47] Aunque claro está, que también puedes meditar y fantasear sin la compañía de otra persona, y conectar con el pacer y el éxtasis que una fantasía puede generar en ti.

Te comparto una fantasía inspirada en la visualización que sugiere, Silvia Selowsky[48], para invocar a la Diosa Afrodita:

"Pon música suave y relacionada con el amor y el erotismo. Puedes ambientar con aromas florales, untar aceites dulces en tu piel, y cualquier elemento que active tu energía femenina y tu sensualidad. Visualízate sentada cerca de aguas mágicas y círculos de espuma con oleajes calmos, siente la briza del agua, escucha sus bellos sonidos, siente la calidez del clima en tu piel

---

[47] Ferrara, G. op. Cit.
[48] Selowsky, S. Op. Cit. p. 153.

Mujer y... ¿Sexualmente reprimida?

desnuda. Del agua, aparecen sirenas y doncellas acuáticas bellísimas, que te invitan a sumergirte con ellas, allí con su nado suave, sensual y erótico. Nadas con esas mujeres que danzan a tu alrededor, todas ellas simpáticas, alegres y seductoras. De los bosques aledaños, aparecen semidioses que entran en contacto contigo, tocan suavemente tus mejillas, el contorno de tus brazos, apenas perceptible y danzan contigo. Vez aparecer a la diosa Afrodita y la observas con sus juegos amorosos; escúchala y recibe sus mensajes positivos, que te llenan el alma; ambas se miran y en su mirada observas tu reflejo, te miras en situaciones de seducción de coqueteo, de sensaciones ardientes, vitales positivas y divinas. Eres una Diosa del erotismo."

<u>Toca tu cuerpo y sedúcete con el contacto.</u>

Despierta cada célula de tu cuerpo con tus manos, vestida, desnuda, mientras trabajas, estudias, cocinas, cantas; no importa, ¡tócate!, toca tu rostro, tus piernas, tu cuello, tu cabello, tus labios; dile a tu piel que estás presente. Bastan unos segundos, ¡ámate! y conecta con tu energía femenina, sutil, sensual.

Si elevas la energía sexual, en ti y tienes pareja, muy probablemente, provocarás el deseo de estar cerca de ti. Una mujer con su piel y sus sentidos dispuestos a compartirse en la presencia del ser amado, se percibe. Si no tienes pareja, tu vibración encantará a las personas que te rodean, creando un ambiente de inspiración. Y en tu intimidad es probable que logres momentos autoeróticos, muy placenteros.

<u>Baños de placer</u>

La escasez de agua y la sustitución de tinas por regaderas, nunca serán limitantes para que puedas darte un baño de placer, sola o acompañada. Invita a tu pareja a un hotel con tina o jacuzzi; invita a tu pareja a que te acompañe mientras te bañas, y pide que te unte la crema, al salir de la regadera.

Compra un jabón o gel de ducha, aromático, hay muchas marcas en el mercado o busca quien los elabora artesanales, y úsalo todos los días, ten dos o tres para cambiar y elijas según tus deseos, cada día. Haz lo mismo con las cremas que utilizas para tu cuerpo.

Tomate un baño de hierbas aromáticas, poniéndolas previamente a hervir en agua con una cucharadita de miel, y al final del baño o ducha, con un recipiente enjuaga tu cuerpo, deja que el aire seque tu piel, no uses toalla. Puedes sustituir las hierbas, con pétalos de flores aromáticas como las rosas, o con frutas, deja que tu intuición te guíe para poner las frutas que estimulen tus sentidos.

Ritual del andrógino o autoerotismo

El ritual del andrógino, se refiere a activar o desbloquear, la energía sexual por medio de tocar las zonas erógenas[49] de nuestro cuerpo, de manera creativa y una visión elevada, en lugar de lo que comúnmente se realiza como "masturbación"; el tocarse tendría que ser un ritual amoroso y erótico de encuentro con una misma, elevar la energía vibratoria y llevarla a todo tu cuerpo. Desde la propuesta Tántrica, el fin no sería llegar al orgasmo, sino "encender la llama y dejar que se

---

[49] Aquellas partes del cuerpo, sensibles, que responden eróticamente a la estimulación, varía de persona a persona, según sus propias historias; aunque, generalmente se asocian, al número de terminaciones nerviosas que activan los centros del placer en el cerebro. Además, del clítoris y el glande del pene que son las zonas con mayor sensibilidad; también podemos mencionar las orejas, la boca, los hombros, los pezones, el perineo, las nalgas, el ano, toda la vulva y los muslos, aunque prácticamente toda la piel es altamente sensible para estimular el placer.

Mujer y... ¿Sexualmente reprimida?

expanda", "poner el deseo en pausa"[50], para que alimente todas nuestras células del cuerpo, la intención es crear un circuito bioenergético, denominado *órbita microcósmica*, que es energía de vida. Lograr una alquimia con la energía sexual, "cambiando el instinto del plomo, por el oro de la consciencia"; en la medida que realizas este ritual te convertirás en un imán energético que atraerá a las personas, ya sea a tu pareja o a una posibilidad de la misma.

Autoerotismo, es el término que utilizamos en sexología, para referirnos a lo antes llamado masturbación, pues es un término más descriptivo y menos valorativo, a diferencia del ritual del andrógino, el autoerotismo tiene como único fin la búsqueda del placer sexual, y el orgasmo es parte de la experiencia del mismo. Para algunos sexólogos, incluyendo sexólogas, las técnicas que sugieren son muy variadas, en internet puedes encontrar videos que te explican las técnicas, sin embargo, algunos de ellos se focalizan en la genitalización, olvidándose de la erotización y disfrute de todo el cuerpo. Para las mujeres en especial es muy importante recuperar sus órganos sexuales, sin olvidar su sensualidad y su corporalidad. Llegar o no al orgasmo será una decisión personal. Mi posición, es que practiques ambas posibilidades, entendiendo que llegar o no al orgasmo no es el fin, pues el solo hecho de ir a su encuentro, ha ocasionado que la experiencia erótica sea solo una carrera de velocidades y manipuleo corporal, que separa a tu ser erótico integral que eres.

Liberando a tu vagina

---

[50] Ferrara, G. (2018), Video para la Maestría en sexualidad tántrica; Escuela Internacional de Iluminación Guillermo Ferrara.

A pesar de lo anteriormente dicho, algo que sí es importante para todas las mujeres, es ampliar sus posibilidades de disfrute, explorando, activando o desbloqueando su zona sexual. Especialmente para las mexicanas y las mujeres latinas; pues como lo hemos comentado, en muchas de ellas está dormida o peor aún, desactivada, anulada, oscurecida. Incluso hay mujeres que el solo hecho de pensar en tocarse para estimularse, es motivo de desaprobación, desagrado y desprecio; lo primero es liberar tu mente de esas creencias, en las cuales te dijeron que tocarse era, sucio, malo, inadecuado, porque es ahí donde inicia la represión a tu propio cuerpo.

Empieza mirándola, ¿recuerdas los primeros ejercicios a estas alturas de la lectura?, ¿ya empezaste a mirarte desnuda?, ahora continúa mirando solo tu vulva, primero frente a un espejo grande, de preferencia de cuerpo completo y suavemente y muy amorosamente empieza a tocar tu pelvis, tus vellos púbicos y tu vulva, muy despacio, recuerda que no hay prisa. Lo importante de este ejercicio es que lo observes muy amorosamente, solo unos segundos es suficiente, identifica si hay algunas emociones, o pensamientos y solo nótalos, tu mente tratará de sacarte de la experiencia, pero estas solo mirando y tocando. Repite esto unos 3 o 5 días.

Antes de dormir, dedica otros minutos a tocar tu vientre (como dirían las abuelitas), tu pelvis, tu pubis y tu vulva, empieza a hacerlo con ropa, y conforme te sientas más segura y en confianza, hazlo sin ropa, y mientras lo haces, ve enviando mensajes amorosos a todos los órganos que se encuentran ahí, agradécele a esa zona de tu cuerpo, reconócele lo que ha hecho por ti y sus maravillosas funciones. Por qué incluyo la zona del vientre, es decir la zona donde están tus intestinos y estómago; porque es una de las zonas que más castigamos con nuestros

Mujer y... ¿Sexualmente reprimida?

pensamientos, no es casualidad que esta zona sea en la que más grasa acumulamos, muchas mujeres se la pasan quejándose de su "panza", y mientras más la rechaza, qué crees, más crece.

Otra práctica muy común, que recomiendo a mis consultantes, es el mirar su vulva con el apoyo de un espejo pequeño (del tamaño de su palma) y una pequeña lámpara. En un momento en que estés relajada, durante un baño de tina, después de una danza erótica o antes de dormir, con la intención puesta en amar y reconocer a tu vulva, obsérvala con el apoyo del espejo. Tócala suave y amorosamente, mientras vas notando tus emociones y sentimientos, deja que las emociones fluyan, e identifica que requiere tu vulva de ti, eleva tu intención, para identificarlo. Hay vulvas muy lastimadas, olvidadas, abusadas, utilizadas, incluso por ti misma, tal vez, es momento de sanar a tu vulva, dialoga con ella, sus recuerdos y sus lamentaciones.

Si tu vulva te reprochara algo, ¿qué te reprocharía?, si te quisiera contar un secreto ¿qué secreto te contaría?, ¿sabías que tu vulva también se puede deprimir?, a esta condición se le ha denominado: *Vulvodinia* y es padecida por alrededor de 200 mil a 6 millones de mujeres en el mundo anualmente. Nadie sabe aún con certeza que lo ocasiona, pero lo recomendable es tener actividad sexual, ¿qué curioso no? Tal vez cuando dejamos de sentirla, de sentir nuestros placeres, o ya no tenemos pareja sexual, empieza a presentar algunos síntomas o malestares. La vulva es muy sensible a nuestras emociones.

Te comparto una experiencia personal. Hace algún tiempo, en un una plática sobre sexualidad, que di a jóvenes reclusos de alta peligrosidad, en la cual la energía sexual y de agresión se respiraba en el ambiente de manera muy intensa; al salir del lugar, recuerdo que llegué a mi casa llorando, ha sido una de las experiencias más fuertes que he tenido en mi experiencia profesional; al meterme a bañar al siguiente, descubrí que tenía una bolita en uno de mis labios mayores, estuve segura que no se debía a ningún tipo de infección sexual, pero de lo que sí estaba segura, es que mi cuerpo, principalmente mi vulva, había reaccionado de esa forma, como respuesta al riesgo percibido con el grupo de jóvenes con quien estuve horas antes. Lo que hice, fue tomar consciencia de lo que me había significado la experiencia y hablar con mi vulva amorosamente al tiempo que la sanaba con mis manos. Y al siguiente día, ni rastro de esa bolita. Te comparto esta experiencia, porque estoy convencida de la importancia de recuperar y sanar a nuestra vulva de tanto descuido, tanto miedo percibido y de las memorias de dolor que, nosotras y nuestras ancestras, tal vez vivieron.

En la medida que liberes a tu vulva, estará más dispuesta y preparada para disfrutar de los placeres, el contacto sexual será algo más que lubricación, penetración y contracciones orgásmicas. Tendrá la oportunidad de crear una energía sexual de alta vibración, en la cual pueda compartirse con la energía sexual de otra persona que honre y disfrute del encuentro mágico, que puede ser el contacto sexual. La energía liberada tendrá la posibilidad de subir a niveles más altos, conectando con la energía de tu corazón y con el corazón de tu pareja. Para que ambos puedan ir al siguiente nivel de energía cósmica, donde la separación queda diluida, para convertirse en una ola que trascienda los cuerpos y en unidad conectar con lo divino.

Fortaleciendo el músculo del placer

Seguramente habrás ya escuchado de los ejercicios de Kegel, que es un método para fortalecer los músculos

Mujer y... ¿Sexualmente reprimida?

perivaginales. En su origen, el doctor Arnold Henry Kegel, recomendaba estos ejercicios para corregir la incontinencia urinaria de sus pacientes, logrando un éxito del 93% de las mujeres que los practicaba. Y como resultado anexo, reportó que las mujeres también mejoraban su vida sexual, y sus pacientes que era anorgásmicas lograban alcanzar el orgasmo como resultado de su dominio de estos músculos.

Los músculos perivaginales, se contraen voluntariamente durante el orgasmo, pero el arte de controlarlos durante la relación sexual, en el momento que tú lo deseas, es otra cosa. Las mujeres que saben apretar los músculos perivaginales tienen un buen ingrediente para ser amantes excelentes.

A continuación, te comparto un resumen de esta técnica[51]:

El primer paso consiste en que identifiques tus músculos perivaginales. Para ello, cuando vayas a orinar, siéntate sobre el escusado con las piernas abiertas e intenta detener el chorro de la orina por unos segundos, luego suéltalo. Respira profundamente y repite varias veces teniendo cuidado de no mover las piernas. Toma conciencia de que parte de tu cuerpo cierras para conseguir retener la orina. Esos son los músculos que debes ejercitar para realizar los ejercicios de kegel. Sólo un par de días, es suficiente para que puedas identificarlos.

Una vez identificados los músculos, harás esta serie de cuatro ejercicios a solas.

- Imagina que aprietas algo con la vagina durante 3 segundos y luego relaja. Repite 10 veces.

---

[51] Puedes encontrar más de esta técnica en el libro: Aldana, A.Op. Cit. p. p. 106-116.

- Contrae y relaja lo más rápido que puedas por 25 veces.
- Imagina que lanzas una pelotita con tu vagina, mantén la posición por 3 segundos y relaja. Repite 10 veces.
- Aprieta lentamente mientras cuentas hasta 10, mantén los músculos apretados por 10 segundos más y luego relaja lentamente durante otros 10 segundos. Repite el ejercicio por 10 minutos (cuanto más tiempo consigues mantener apretado los músculos, más fuerte se te harán). Es muy importante que respires con tranquilidad y tengas cuidado de mantener relajado los músculos del abdomen, las caderas y las nalgas.

Si has sido constante, en una semana estarás dominando la técnica y podremos pasar a la siguiente etapa, que consiste en hacer la versión más sencilla de estos ejercicios ¡Delante de todo el mundo! Descuida, a menos que hagas bizcos nadie notará nada. De lo que se trata simplemente es que aprietes los músculos perivaginales por 3 segundos y los sueltes por otros 3 segundos, ¡en serio! 10 veces, 30 veces. Entre más lo hagas, ¡mejor! ¿Dónde? ¡En todo momento y en cualquier lugar! Para algunas mujeres los ejercicios de kegel no sólo son divertidos sino hasta excitantes.

Eros y el ritual místico-sexual

Hasta este momento, las técnicas y experiencias sexuales puedes practicarlas sola o acompañada. Aunque se sugiere que empieces contigo, para elevar tu energía sexual y el autoconocimiento y aceptación de ti misma. Algunas mujeres, buscan información para elevar su energía sexual en función de la pareja o para obtener una. Si bien es cierto que el resultado

Mujer y... ¿Sexualmente reprimida?

puede ser que encuentres a tu Shiva, en términos del Tantrismo, tu parte sagrada en otro cuerpo, también es importante que tomes consciencia de que ya eres un ser completo de luz; pues solo cuando descubres lo que eres, lo que tienes, entonces, lo puedes compartir; y en todo caso evolucionar; de lo contrario solo estarás jugando con otro cuerpo, otra persona, posiblemente más o igualmente incompleta, carente de sí misma.

Para dar continuidad a la sexualidad sagrada, con las siguientes técnicas sexuales, introduciremos con la historia de Shiva y Shakti, que en la tradición hindú[52] representan las extremidades del eje vertical del ser humano, el Mago y la Emperatriz del tarot, la intuición y la sensación que unidas, provocan la iluminación. Son las dos caras de una misma moneda, así como el Yin y el Yang. Shiva es perceptividad y consciencia. Shakti es creación y cambio. En un nivel supremo, ambos existen en una unión inseparable.

La historia cuenta que Shakti permanece dormida. Cuando despierta comienza su viaje ascendiendo hacia los centros de energía superiores (chakras) transformándose en una hermosa Diosa[53].

Al llegar al séptimo chakra en la coronilla, se encuentra por fin con su amado Shiva (nuestra consciencia espiritual) que yace dormido sobre la flor de loto de mil pétalos.

---

[52] He decidido retomar las técnicas tántricas para liberar a la mujer reprimida, por la visión que se tiene en esta forma de pensamiento, sobre la sexualidad o mejor dicho la energía sexual de la mujer, considerando que puede ofrecernos un paradigma que nos conduzca a la valoración de nuestro ser como mujeres, resignificando lo femenino como una esencia activa, dinámica y creadora.

[53] Shiva y Sakti: una Historia de amor. Buscar en: https://www.algoalternativo.com/shiva-shakti-una-historia-amor/

Entonces empieza a danzar para él, y el amor que emana de su danza lo despierta. Él se une a ella en esa danza y los dos, danzando y amándose, se funden en un solo ser, el andrógino, mitad masculino, mitad femenino realizando así la Boda Mística, donde los opuestos se unen para volver nuevamente a la unidad, o sea, divinidad y humanidad, cuerpo y espíritu danzando unidos en un solo ser.

Cuando Shakti despierta a Shiva, es decir cuando la Kundalini llega al aspecto más elevado, se llegan a nuevos planos de entendimiento. Allí, en el centro más elevado, Shiva y Shakti hacen el amor y a partir de esa unión se crea toda la energía y toda la conciencia imperturbable, transformándose en una luz pura y como una espiral de energía, atraviesan el portal de Brahma, el séptimo chakra en la coronilla, desapareciendo en el infinito y volviendo hacia la fuente. No existe unión más poderosa como esa.

Desde esta perspectiva, la unión de los cuerpos busca a través de ellos, unirse trascendiendo lo individual, para regresar al origen, donde se encuentran los secretos de la vida, y unirse con el cosmos. Guillermo Ferrara al respecto menciona:

"Cada uno tiene que integrar y venerar su unidad en lo masculino y lo femenino, ya que ambos están en la esencia de cada uno, van más allá de los límites de la personalidad. La unión y conexión un instante sin mente, sin identificación, sin límites, un encuentro de la misma luz, la conciencia, el deleite supremo el reencuentro con el origen de la vida misma. Jesús lo menciona, en el evangelio de Tomás : [cuando hagáis de los dos uno y hagáis el interior como el exterior y el exterior como el interior y lo de arriba como los de abajo y cuando establezcas el varón con la hembra como una sola unidad de tal modo que el hombre no sean masculinos ni la mujer femenina... Entonces entrarías en el reino (Tomas 22).]"[54]

Respiración en pareja

Desde el inicio de las técnicas sexuales, hablamos de la importancia de la respiración para elevar la energía sexual, si la respiración a solas es una potente técnica, y si la has practicado seguramente ya lo comprobaste, ¡imagina lo que es la respiración en pareja!

Siéntate cara cara, en la postura de diamante o medio loto, cada uno apoya su frente en la del compañero realiza una conexión desde el tercer ojo, en la zona de la glándula pineal, practicando la siguiente respiración: El hombre exhala la respiración por la nariz al tiempo que la mujer inhala el aire exhalando por este; luego ella exhala y él inhala. También puede realizarse con personas del mismo sexo o que no tengan vínculo de pareja[55].

Beneficios:

- Conectan los campos energéticos de forma poderosa
- Potencia la presencia en el aquí y ahora
- Activa la capacidad espiritual
- Despierta la telepatía
- Recicla la energía al unir los polos yin-yang, negativo-positivo

---

[54] Ferrara, G. (2012), *Rediseña tu vida. Cómo vivir luego de 2012: Efectúa cambios, potencia tu ADN y crea tu realidad*, México D. F.: Alamah.p.p. 85-86
[55] Ídem, p. 91

- Genera electricidad y magnetismo lo que permite una mayor luminosidad en las células y en todas las áreas emocionales de la vida

Duración: un ciclo de al menos 10 minutos.

Danza en pareja

Prepara una instancia limpia, ventilada con una luz tenue, que permita ver con claridad los cuerpos, colocar plantas, flores, adornos, cosas sutiles, perfuma tu estancia, selecciona música suave, impregnar el espacio con tu esencia. Antes de iniciar la danza puedes invitar a tu pareja a darse un baño, no solamente para limpiar el cuerpo, sino también para limpiar tu mente, al bañarse ten la intención de despojarte de los pensamientos y creencias limitantes que puedan obstaculizar el encuentro.

Tú y tu pareja se colocan frente a frente en actitud meditativa cierran los ojos y meditan durante unos minutos, toman consciencia de su presencia y existir. Después, abren los ojos, se observan detenidamente con respiración serena, creando una atmósfera de afecto incondicional, de intercambio de energías sutiles, miradas amorosas y silencios. En esa conexión, los cuerpos no físicos, sino los cuerpos astrales, comienzan a intercambiarse y hacer el amor, también se puede realizar un viejo rito que consiste en que el mutuamente se echan su aliento en la boca, uno a la vez, simbolizando que las almas se intercambian.

Con lentitud, sin prisa, ni compulsivamente, empiezas a mover tu cuerpo, invita a danzar a tu pareja sexual, manteniendo los ojos cerrados, integra en tu danza, en tus células, todos los elementos todos los elementos que te rodea,

Mujer y... ¿Sexualmente reprimida?

en un completo estado de entrega, deja que tu cuerpo se libere y le dance a la vida, a la existencia plena.

La danza es tomada como un regalo mutuo. Cada uno baila, intentando encontrar su centro interior, la luz del corazón. Una vez que sientes que tienes el poder del amor, tu ser abierto como una flor, abres los ojos y observas a tu amante. Admirar el movimiento suave, sensual y sutil de los cuerpos. Respirar el aura del otro, compartir su energía. Será un encuentro de energías.

Tocando el corazón por medio de la piel

Sentados frente a frente con los ojos cerrados, llevar toda la energía y sensibilidad a las manos. Puedes usar aceites dulces, como de almendras o u otro para masaje; jugar con el tacto, tocar y sentir la esencia de lo que trasmite la mirada. Empezar despertando la sensibilidad de las manos de tu compañero, con tus propias manos, para luego ir tocando todo el cuerpo. Toca el cuerpo de tu amante con sutileza, con profunda conciencia y amor incondicional; sintiendo sus funciones más allá de los límites de la piel. Siente tu corazón, tu energía, los latidos de su corazón, y su respiración; sus piernas, sus manos. Tocar es sanador, tocar es un vehículo para expresar tu amor y espiritualidad.

Camino al orgasmo, retorno al origen

Une las palmas de las manos, transmite a través de ellas, energía y amor a tu pareja; luego recuéstate y permite que tu compañero te observe detenidamente, recuerda que eres la encarnación de la Diosa, del más elevado poder femenino cósmico, favorece que tu pareja pueda contemplar su propio ser femenino, que también radica en él. Eres la diosa, hermana, madre, hija, amante, novia, esposa, consorte mágica, compañera, mujer dhármica (espiritual) y absoluta, todas ellas en ti.

Visualiza en tu pareja al hombre, como si fuera el mismo Shiva, ámalo, pues es el reflejo de tu propio Shiva interno. Ambos se transfiguran en Shiva y Shakti, él puede acariciarte linda y voluptuosamente, transfundiendo sus mejores energía; pídele con tu energía amorosa, que te acaricie y te de besos de infinita ternura, en todo tu cuerpo, guíalo y corresponde a las demostraciones afectivas y eróticas que él te dé, intercambiando ternura, durante largo tiempo, más allá de lo espacial y temporal, más allá del pensamiento.

Con estas técnicas puedes crear un poderoso campo de energías bioquímicas y electromagnéticas de alto voltaje; cuanto más sensibles, en el intercambio de caricias y ternura; mayores serán las oleadas de energía que se irán propagando por todo el cuerpo.

Cuando se haya creado una poderosa atmósfera sexual, emocional y energética; guía a tu compañero para que te penetre lentamente, muy lentamente, mientras lo miras, la penetración no solo es de su pene en tu vagina, sino también de miradas, deja que entre en ti y se mire reflejado en tus ojos. Tu cuerpo y el de él se entrelazan muy estrechamente y toda la conciencia se enfoca sobre las sensaciones. Los movimientos deben resultar muy lentos y a veces la inmovilidad es total, recuerda que las respiraciones de él deben ser lentas, para evitar que llegue precipitadamente al orgasmo. En todo momento, ambos deben estar muy conectados, al punto que poco a poco, se sientan parte de la energía universal.

Mujer y... ¿Sexualmente reprimida?

Genera que la pasión con todo su fuego, pero plácida y no desordenada, vaya invadiendo el cuerpo astral, el cuerpo físico, la mente y las emociones; pueden permanecer durante media hora o más tiempo. Los movimientos deben ser muy suaves, casi imperceptibles, excepto las contracciones del pene y la vagina, recuerda los ejercicios de kegel, aquí puedes, practicarlos y fortalecer conscientemente la excitación.

Cuando el orgasmo puede llegar, es cuando la mente para, se suspende la respiración y se conecta con lo inefable, mediante un total silencio interior. Inicia el viaje por los espacios cósmicos y el éxtasis amoroso, se puede tornar vehículo hacia el insondable poder del silencio. Es en estos momentos en que la pareja representa y homologa la creación cósmica.

Se espera que este tipo de relación no cause un estado de abatimiento, sino una poderosa energía, casi de euforia y voluptuosa intensidad extremas, pero sin precipitarse el hombre en el orgasmo, en tanto que tú puedes entregarte, cuantas experiencias orgásmica, te sobrevenga, a veces pueden durar mucho tiempo, tres o más horas. Esta técnica, no se recomienda muy frecuentemente, por la intensidad y energía que requiere.

Encuentra tus propias manifestaciones eróticas

Como te habrás dado cuenta, estas son solo algunas técnicas que pueden apoyarte, para que potencialices tu energía y placer sexual. La intención de mostrártelas, no es que te conviertas en una experta de la sexualidad sagrada o en una mujer fatal, sino que descubras que tienes el potencial para disfrutar tu cuerpo, tus sentidos, tus sensaciones, tus emociones, más allá de lo que te dijeron que podías. Que hagas consciencia de que puedes vivir plenamente con o sin una pareja sexual; que si lo deseas, puedes atraer a una persona que comparta su energía desde una posición de mayor consciencia; que no solo eres un cuerpo al que se le tocan ciertos botones corporales y con eso es suficiente para vivir tu sexualidad.

Estas técnicas son solo una puerta a lo que puede llegar a ser tu vida erótica, integrando tu *ser mujer* terrenal y divino; tu sexo biológico, con las mejores creencias de ti misma, que puedas adoptar maneras diferentes de ver el mundo de la sexualidad, como es esta mirada de un pedacito del mundo oriental, y con esto elijas tu propia manera de vivirla; incluyendo la dimensión de la espiritualidad a tu vida erótica.

CAPÍTULO IV:

EL MUNDO DE LOS AMORES

El amor, si existe, en cuanto existe, es siempre "naciente".
Es siempre descubrimiento, revelación, admiración, adoración y deseo de unión con algo que nos trasciende y que da orden y sentido al mundo.

- Francesco Alberoni. Te amo.

Muchas personas, en especial mujeres, confunden o mezclan el mundo de los placeres con el mundo de los amores. Pueden ir acompañados, ¡sí, claro!, pero no necesariamente. De hecho, esta asociación y fusión que creemos inseparable, ha sido motivo de gran sufrimiento para las mujeres, incluso de violencia. Una de las grandes preguntas es: ¿puede haber relaciones sexuales sin amor, o amor sin relaciones sexuales?, la respuesta aunque inmediata y simple es... SÍ, pero nos han contado tantas historias de "amor", cuentos infantiles que nada o poco tienen que ver con el amor, o con lo que creemos del mismo y de las relaciones sexuales, que las mujeres estamos confundidas con este asunto, y los hombres seguramente también.

Para empezar quiero preguntarte, si en el mundo de los placeres, particularmente en las últimas técnicas, te parecieron, ¿románticas o amorosas? Y sí, las técnicas hablan de un amor, más no un amor, entre dos personas, la intención del tantra es la anulación de las personas en el encuentro sexual, es el placer elevado a la energía que trasciende los cuerpos y conecta con lo sublime; es en todo caso un amor al cosmos. Octavio Paz, lo describe de la siguiente manera: "La cópula ritual, es por una parte, una inmersión en el caos, una vuelta a la fuente original de la vida; por otra parte, es una práctica ascética, una purificación de los sentidos y de la mente, una desnudez progresiva hasta llegar a la anulación del mundo y del yo.... La cópula ritual, exige atravesar la tiniebla erótica y realizar la destrucción de las formas. A pesar de ser un rito acentuadamente carnal, el erotismo tántrico es una experiencia de desencarnación."[56], lo que significa que el fin no es amar a la persona, sino el conectar con lo divino a partir de ella. El placer, el éxtasis es lo importante. De ahí que en el Tantra como en muchas otras disciplinas y religiones el amor a una sola persona, no es correspondiente con la práctica erótica exclusiva.

El mundo de los placeres es un mundo, para sí mismo, egoísta, porque no puede ser de otra manera, ya que se vive en el aquí y en el ahora. Y eso no es ni bueno ni malo, solo es. La manera de liberar el placer sexual de las mujeres es recuperando al cuerpo, un cuerpo que depende de lo inmediato

---

[56] Paz, O., (2014), *La llama doble. Amor y erotismo*, México, D. F., Galaxia Gutenberg. p. p. 156-157.

en el mundo, para trascenderlo requieres primero vivirlo, amarlo, disfrutarlo; es nuestra materia prima, para acceder a niveles más elevados, tanto de consciencia como de experiencia humana. El mundo de los amores es un tema aparte.

Y ¿por qué hablar de esto antes de iniciar el mundo de los amores? Porque no puedes pretender amar, si sigues apegada al cuerpo, sus sensaciones, deseos y emociones, como los únicos referentes del amor. Si para tener acceso a la libertad y conectar con lo absoluto, con el ser supremo que eres, con tu divinidad, requieres ir más allá del cuerpo, mediante el cuerpo mismo, ya que es el vehículo; para tener acceso al amor, pasa algo similar, requieres sentir y entregarte a las experiencias del submundo de las emociones, para llegar al desapego de las mismas y tener acceso al tan apreciado y poco accesible: *amor*.

Las emociones, la primera puerta del mundo de los amores

Si preguntáramos a un grupo de personas qué es el amor, seguramente encontraríamos en sus respuestas, conceptos asociados a sentimientos, emociones, pensamientos, acciones, afectos, valores, cualidades humanas, sensaciones, etc. Pero la gran mayoría de las personas, diría que es un sentimiento o una emoción, y nos es raro, pues el amor inicia en el cuerpo, en lo que el otro o la otra despierta en ti.

Una emoción es un estado afectivo que experimentamos, y suele ser derivado de un evento que produce sentimientos y cambios fisiológicos. Todas las emociones y sentimientos tienen una función adaptativa, ya que nos ayudan a entender nuestra reacción hacia lo que está sucediendo en nuestro alrededor. La emoción es la capacidad de responder ante los estímulos que provienen tanto del exterior como del interior de las personas, con base a lo que percibe.[57] Un estímulo sería la persona que activa el estado de enamoramiento. Los sentimientos son la parte subjetiva de la emoción, y son definidos por cada persona con base en lo que percibe que está sintiendo, ya sea enojo, dolor o alegría; para la mayoría de las personas el estado emocional enamoramiento, lo llaman amor, en este sentido sería el sentimiento amor, pero ampliaremos más adelante este concepto, ahora continuemos con el enamoramiento.

Como coach, me gusta hacer distinciones, pues ellas nos ayudan a comprender y ver los fenómenos humanos con mayor claridad, una primera distinción es la del *enamoramiento y el amor*; ambas son dimensiones distintas. El enamoramiento es lo que comúnmente, se asocia al mundo de las emociones, pues en este fenómeno, básicamente biológico, la persona enamorada experimenta, una gran diversidad de sensaciones, emociones y sentimientos. En el enamoramiento, se pueden experimentar, alegría, ansiedad, celos tristeza, culpa, arrepentimiento, ira, incluso miedo.

Las emociones son consecuencias (respuestas) químicas de experiencias pasadas. Según nuestros sentidos registran información procedente del entorno, grupos de neuronas se organizan en redes. Cuando crean una red, el cerebro fabrica un compuesto químico que viaja por el cuerpo. Ese compuesto es la emoción. Recordamos mejor los acontecimientos cuando evocamos cómo nos sentimos al experimentarlos. Cuanto más alto sea el coeficiente emocional de un suceso, más profundo será el cambio de la química

---

[57] Pick, S., Givaudan, M. Olicón, V. (2000). *Mis decisiones, mis capacidades, mi vida*, México D. F., México: Idéame.Pp. 77.

interna. A eso también le llamamos *memoria*. Esto explicaría, por qué las parejas que hemos tenido son tan similares, repetimos los mismos modelos, tratando de encontrar en las nuevas relaciones, las experiencias de nuestros primeros más grandes amores: papá y mamá de primera instancia, memorias que se van complejizando con amores de edades más avanzadas.

El recuerdo de un acontecimiento puede quedar neurológicamente grabado en el cerebro como una imagen holográfica. Así se crean los recuerdos a largo plazo. La experiencia se imprime en nuestros circuitos neuronales, mientras que la emoción se almacena en el cuerpo; activándose tanto estos circuitos, como las emociones, ante la presencia de un posible enamorado que nos recuerde la lluvia de emociones vividas en el pasado, y que en el enamoramiento son tan gratificantes. Pero ¿por qué se activan inconscientemente las memorias gratas y no aquellas que nos generaron dolor?, ¿por qué nos volvemos a enamorar?, aunque también, habrá para quienes las experiencias amorosas fueran tan traumatizantes que anulan la posibilidad de sentir de nuevo, o lo que actualmente cada vez es más común, las personas *agamas*, quienes eligen por convicción no enamorarse[58]. Estas posibilidades encuentran respuesta en el proceso mismo del enamoramiento.

Enamoramiento, el gran laberinto

Imaginemos que el enamoramiento, es como el laberinto que suponemos, tendremos que atravesar para llegar al tan

---
[58] Las personas agamas, consideran que el "amor" es la ideología alienante que conduce a la formación de parejas a través del enamoramiento. Desacreditan, por tanto, el enamoramiento, y no lo consideramos justificativo de daño alguno a tercerxs ni, por supuesto, de la formación de parejas. Revisar en: http://www.contraelamor.com/

anhelado amor. Todo empieza con lo seductor de este laberinto. Es decir, todo comienza por lo atractivo de la otra persona. En 1979 la Psiquiatra DorothyTennov[59] comienza a estudiar a adolescentes que atraviesan el estado del enamoramiento y crea un modelo para poder comprender mejor los procesos psicológicos y afectivos que se producen durante éste. Acuña el término *Limeranza* para referirse al proceso de enamorarse, para ella es un proceso individual e independiente de las reacciones de la otra persona hacia el sujeto limerante.

Según Tennov, la limeranza siempre arranca de una *atracción física* que siente el sujeto limerante hacia el limerado, y que no siempre se basa en los estereotipos sociales de belleza, sino en las necesidades y gustos personales (conscientes o inconscientes) del individuo. Se puede quedar la relación en esta fase, o unirse a una *atracción emocional* que resulta de la interacción entre las dos personas. Juan Luis Álvarez-Gayou[60], añade la atracción intelectual que consiste en tener intereses comunes que los llevan a intercambiar ideas, valores, actividades, e intereses.

Actualmente, con el conocimiento y tecnología con los que contamos, podemos decir que la atracción se da a *nivel energético*, pues nuestro cuerpo físico, emocional y mental, en estrecha relación, emite ciertas frecuencias que serán las que atraigan o rechacen a seres dependiendo de la vibración que tengamos. Las emociones son energías en movimiento. Toda energía es una frecuencia, y toda frecuencia transporta información. En función de nuestros pensamientos y

---

[59] En: Tennov, D. (1981). *Love and limerance*. Scarborough, Steint Day: N. Y.
[60] Álvarez-Gayou, J.L., (1996), *Sexualidad en la pareja*, México, D. F., México: Manual Moderno.

sentimientos, siempre estamos enviando y recibiendo información.[61] Las mujeres y hombres somos antenas, con las cuales nos conectamos, a las energías que llegan de otros sistemas y de otras personas. "Al igual que dos átomos se unen para formar una molécula –que comparte energía e información-, cuando dos personas experimentan las mismas emociones y energía, y proyectan los mismos pensamientos e información, se vinculan también."[62] A esto llamamos atracción.

Una vez que se da la atracción y si esta se mantiene, entramos al laberinto de emociones y experiencias, en cual, estaremos por momentos unidos y en otros, estaremos perdidos en sus pasillos, envueltos en diversas emociones que nos alejarán o acercarán, durante el tiempo que permanezcamos en la relación. A este laberinto, le han llamado y lo han descrito de múltiples maneras.

Stendhal en 1822[63], se refiere a un tipo de amor pasión, al cual divide en etapas, las cuales se caracterizan por la admiración, fantasías amorosas que el sujeto crea, la esperanza de ser correspondido, el nacimiento del amor y sentir a través de todos los sentidos al objeto amado, y lo que él llamó cristalización, proceso por el que el espíritu, adaptando la realidad a sus deseos, cubre de perfecciones el objeto del deseo, en una cristalización inicial; la duda es otra de las emociones que surgen en este proceso amoroso, pues, la persona quiere certezas de ser correspondido; y una 2ª cristalización, cuando el individuo descubre nuevos encantos.

---

[61] Dispensa, J. (2018), *Sobrenatural. Gente corriente haciendo cosas extraordinarias.* Madrid, España: Urano. P. p. 65-66
[62] Idem, p. 83.
[63] Stendhal, escritor francés, publicó en 1822, el ensayo: *Sobre el amor*, con base en sus propias experiencias y en el que expresaba ideas bastantes avanzadas; destaca su teoría de la «cristalización».

Para el psicoanálisis, el enamoramiento tendría como origen la proyección de las imágenes parentales, como la regresión profunda y producción de fantasías, debidas al hecho de los impulsos sexuales que tiene reprimidos el sujeto. Casi similares síntomas a la psicosis: fantasías, exageraciones, transfiguración de la realidad, optimismo maniaco, depresiones bruscas, celos y obstinación.

Para Denis de Rougemont,[64] la pasión, el enamoramiento, es del tipo eros platónico, el alma se eleva a Dios, sale de lo terrenal, el fin es el desapego del mundo. René Girard, en 1961,[65] dice que el sujeto en esta condición, desea desesperadamente un objeto, del cual, espera una milagrosa transformación personal, una nueva vida, ese objeto parece maravilloso, transfigurado, divino, el cual promete una vida maravillosa.

DorothyTennov[66], describe al proceso que ella denominó limeranza, con pensamientos obsesivos, que ocupan toda la conciencia, es un proceso individual en relación a sentimientos y percepciones del individuo, más que una serie de eventos; a diferencia de Francesco Alberoni[67], para quien es, un proceso colectivo de dos, que solo se da si es correspondido, y le pone el nombre de *estado naciente,* en el cual, la persona siente la experiencia enaltecedora de una nueva vida.

---

[64] Denis de Rougemont, escritor y filósofo suizo, escritor de El amor y Occidente uno de los libros más clásicos e importantes sobre la materia

[65] René Girard, fue un crítico literario, historiador y filósofo francés notable, autor de *Mentira romántica y verdad novelesca.*

[66] Tennov, D. op. Cit.

[67] Alberoni, A., (2000), *Te amo*, Barcelona, España, Gedisa.

Enamoramiento, un proceso delirantemente fascinante

Dice Francesco Alberoni, que todas las personas, o casi todas, en algún momento de nuestra vida nos enamoramos; en esos momentos de la vida, en los cuales, nos sentimos insatisfechos, carentes o faltantes de algo, cuando en nuestro interior existe una gran necesidad de cambio y de transformación, es cuando somos vulnerables ante el enamoramiento. Es por eso que generalmente nos enamoramos de personas que representan para nosotras esa posibilidad de cambio, proyectamos en ella nuestros más anhelados deseos de perfección o elevación a una nueva vida. Se favorece, así, el vincularnos con personas distintas a nosotras, pues son la invitación a descubrir nuevos mundos. Nuestra vibración cambia, porque seguramente, consciente o inconscientemente vislumbramos maneras de ser y de vivir distintas a lo conocido y nuestro cerebro, hace todo lo que está a su disposición, para favorecer esa posibilidad de transformación. Veamos cómo lo hace.

Cuando estamos enamoradas, la concentración de la atención en un único ser humano y la construcción de fantasías sexuales, escenarios imaginarios de la intimidad y perspectivas de unión con él, reflejan enormes cambios en nuestra vida cognitiva y emocional que, por supuesto, implican un gran ordenamiento de las redes neuronales. El laberinto en el cual, hemos entrado, a partir de la atracción inicial, puede continuar a la fase que Tennov, denomino, *centralización*. En ella el sujeto limerante centra su vida en el otro y entra en un proceso psicológico de *magnificación* de la otra persona, concediéndole todas las virtudes y negando cualquier defecto que pudiera tener.

Parte medular de la centralización es la *exclusividad*, pues el individuo no puede pensar en nada o nadie más que el ser amado. Su rendimiento escolar, social, familiar y de trabajo, disminuyen notablemente, pues todas las energías son utilizadas y enfocadas hacia el limerado. Si en esta fase se da un rompimiento de la relación definitivamente será en contra de la voluntad del limerante. Cuando la dopamina circula por el cerebro, la concentración de la atención recibe un refuerzo, esa atención fija y exclusiva nos permite también concentrarnos en detalles relativos a nuestro objeto de deseo y recordarlos.

Durante estas primeras fases entran en juego diferentes aspectos psicológicos y afectivos que saltan a la vista; sin embargo, se han hallado indicios de que también factores bioquímicos podrían estar involucrados. La producción de endorfinas (sustancias producidas dentro del organismo que poseen características químicas similares a la morfina), se ha visto asociada con elementos como el deporte, o la relajación, pero parece tener su máximo apogeo durante las primeras etapas del enamoramiento. Esto podría explicar, hasta cierto punto, los estados de euforia y desapego a la realidad que atraviesa la persona enamorada. Las imágenes cerebrales por resonancia magnética revelaron desactivación de crecimiento o pérdida de actividad en la amígdala; principal almacén de nuestras reacciones de miedo; la euforia, la confianza y la protección disipan el miedo.

La vista es tradicionalmente básica para el amor. En las metamorfosis de Ovidio, Apolo, el dios de la luz, se inflama el amor cuando ve a la ninfa Dafne y la persigue, aun cuando ella no tiene algún interés en él. Después de entrar a hurtadillas en una fiesta de los Capuleto cuando Romeo ve a Julieta por primera vez, se enamora instantáneamente de ella y dice: "¿Por

Mujer y... ¿Sexualmente reprimida?

ventura amó hasta ahora mi corazón? ¡Ojos, desmentidlo! ¡Porque hasta la noche presente jamás conocí la verdadera hermosura!"[68]

La flecha del amor, atraviesa el ojo y desde ahí penetra profundamente en el cerebro hasta el tálamo, donde la imagen visual es procesada y luego enviada al área fusiforme facial. Las regiones cerebrales especializadas en el reconocimiento del rostro están todas conectadas a la amígdala y a la corteza prefrontal, los dos moduladores de nuestra experiencia emocional. Hay estudios que muestran zonas del cerebro que se activan cuando las personas ven al ser amado, las cuales, cumplen primariamente la función de mediar entre la recompensa y la motivación, y son irrigadas con dopamina para despertar el deseo. Estas zonas están bien conectadas con el sistema visual[69]. Cuando ves a la persona de la que estás enamorada, tus ojos se lubrican y tu retina se dilata, de ahí la frase de "hasta los ojos te brillaron".

Otro fenómeno que experimentamos cuando estamos enamoradas es la **cristalización**, Stendhal, llamó a esta fase así, haciendo la analogía con lo que sucedía en las minas de sal de Salzburgo, y lo explicaba de la siguiente manera "si se arrojan a las profundidades abandonadas de la mina, una rama de árbol despojada de sus hojas, en el invierno y si se saca al cabo de dos o tres meses, estará cubierta de cristales brillantes, guarnecidas de infinitos diamantes trémulo y deslumbrador, imposible reconocer a la rama primitiva." En el enamoramiento, cubrimos de adornos y perfección a nuestro objeto de deseo; proyectando en él o ella, cualidades de las que

---

[68] Frazzetto, G. (2014). *Cómo Sentimos. Sobre lo que la neurociencia puede y no puede decirnos acerca de nuestras emociones*. Barcelona, España. Anagrama. P. p. 280-281.
[69] Op. Cit. p. 283.

nosotras mismas carecemos y que nos gustaría poseer. Recordemos que este proceso se da por una intención profunda de cambio, y es por eso que transfiguramos a la persona, que para nosotros es deseable. Es decir no vemos a la persona, sino solo cristales de nuestro propio y maravilloso ser. No significa que la otra persona no tenga cualidades valiosas y sea un extraordinario ser, sin embargo, por el estado emocional, mental y energético en el que nos encontramos, nos resulta difícil mirarlo objetivamente. Nuestros sentidos están alterados, no tenemos miedos, estamos lanzándonos sin paracaídas a la aventura, la sensación de libertad es extraordinaria.

Nuestro sistema cognitivo se desorienta, a tal punto que nos sentimos eufóricas, ante él mínimo asomo de las cualidades a las que aspiramos. Se desactivan redes neurales en algunas partes del cerebro, implicadas en el procesamiento de emociones negativas, sencillamente no hay posibilidad de experimentar esas emociones, a menos que alguien intente hablar mal del sujeto de nuestro amor. Si expresamos algún juicio, sobre el ser amado, es casi siempre de naturaleza bondadosa y cortés. "El juicio imparcial desaparece; el ser amado se convierte en un fantasma, en un mero artefacto de la imaginación."[70]

Si somos estrictas, no te enamoras de la otra persona, sino de ti, de las posibilidades de tu ser, manifestadas y puestas en el otro. El otro, la otra te dan la posibilidad de mirarte, a través de ella puedes reconstruir tu vida, pues hay un gran deseo de compartir tu historia, el otro habla, ¡claro!, pero el diálogo es un soliloquio, en el que escuchas lo que tu mente está dispuesta a recibir a partir de ti misma. Si eres consciente de esto, puedes

---

[70] Op. Cit. 287.

Mujer y... ¿Sexualmente reprimida?

revalorar y significar tu vida, contando lo mejor de tu historia, tus anhelos, tus sueños, nunca para ser rescatada, sino para poder escuchar de ti lo mejor.

Lo anterior es sumamente importante que lo consideremos, pues, si tomamos consciencia de que en esta primera fase, las emociones se desbordan, nublando la objetividad y el juicio, y aunque la emoción del enamoramiento, puede ser muy atractiva, también, es importante que consideres que es un proceso personal que puede o no coincidir con el proceso de la otra persona. **El enamoramiento es siempre y en todo momento responsabilidad de quien lo vive** y quien elige consciente o no, adentrarse en el laberinto emocional de este estado. Si lo notas, esta responsabilidad será la que te liberé, de la mujer que es víctima de su propio enamoramiento.

Si el proceso sigue, con la consciencia de que las emociones cambiarán y entrarás a una fase no tan grata, esta puede ser una oportunidad para dar el salto, y encontrar la tierra prometida; es una prueba de autoconocimiento, en la cual, puedes retomar tu vida, sanarla y entonces si, mirar al otro ser o seres para elegir construir lo que muchas personas buscan: el amor.

Duda, heridas y elección

Conforme avanza la relación, seguimos en ese laberinto de emociones y espejismos de nuestra propia creación; y tras sentir cierta confianza en la relación, seguida seguramente de una disminución o recuperación de sustancias, según sea el caso, y estabilización de la actividad neuronal alterada; que va permitiéndonos ver a la otra persona separada de nosotras;

entramos a una etapa de **duda**; por la que toda persona enamorada pasa, pues es insostenible seguir manteniendo ese nivel de hormonas y percepciones alteradas en nuestro cuerpo y mente.

Es un momento en el que podemos recuperarnos a nosotras mismas y por lo tanto, empiezas a cuestionar si esa relación es lo que tú, de inicio pensabas; dudas de la relación, dudas de qué tanto amas, o qué tanto te aman, pues al no sentir, tan intensas emociones de las primeras fases, dudas de tus sentimientos hacia la otra persona, pues los cuentos que nos han contado nos dicen que el amor es eso, pasión, locura, abandono de sí misma, y todas esas creencias del *amor romántico*[71]; así que aquí tienes la oportunidad de ir recuperando tu vida, tus relaciones, tus espacios y abrir una comunicación de honestidad con la otra persona; pues ella estará viviendo su propio proceso, ya sea de recuperación, o incluso, puedes descubrir que nunca entró al proceso, ni al mismo laberinto en el cual tú te encontrabas.

La duda puede activar los celos, pero de ninguna manera justifica ningún tipo de agresión. En este sentido es una etapa de riesgo, no solo para la relación, sino para las personas, particularmente para las mujeres; algunas atrapadas en los primeros sentimientos del enamoramiento, no ven o justifican los actos violentos de control y abuso que utilizan sus parejas. Y si además se asocia a una baja estima de sí misma y poca valoración, se es sumamente vulnerable.

---

[71] Nuestra cultura idealiza el amor romántico como un amor incondicional, abnegado, entregado, sometido y subyugado. Más adelante hablaremos más sobre este.

Mujer y... ¿Sexualmente reprimida?

Además es una etapa que activa las heridas del alma, de las que habla Lise Bourbeau[72]: *el rechazo, el abandono, la humillación, la traición y la injusticia.* Según su propuesta nacemos con estas heridas, las cuales son activadas por nuestros padres, y por el dolor que nos causan también, vamos creando máscaras para protegernos de ese dolor en similares circunstancias. Hagamos una breve revisión de las creencias y características y las máscaras que son activadas, relacionadas a esta etapa del enamoramiento.

Rechazo: Quien tiene esta herida activada cree que no tiene derecho a existir. Se pregunta qué es lo que hace en este mundo. Se considera inútil y sin valor. Se aísla fácilmente del mundo exterior huyendo en su propio mundo. Encuentra también numerosas maneras de huir (astral, sueño, droga, alcohol, etc.). Una forma de aislarse del mundo físico es interesarse en todo lo que es mental, intelectual. Se aísla y se siente inútil aunque esté en presencia de otras personas, ya que ocupa un espacio tan pequeño que se hace casi invisible ante los ojos de los demás. Es a menudo un perfeccionista obsesivo en ciertos campos. Se crea un ideal inalcanzable, en otros.

Cualquier actitud de la persona de la que se está enamorada, que le active su herida del rechazo lo regresará a esos pensamientos, basta con que el otro o la otra no quiera besarla, no quiera tener una relación sexual, no quiera ir a algún lugar, es decir, exprese alguna negativa, para que active esos primitivos sentimientos y creencias, no nota que el rechazo o la negativa es a la actividad, sino que se lo apropia, las preguntas que se hace o dice son: ¿Por qué me rechaza?,

---

[72] Revisar para mayor profundización de las heridas, *Las 5 heridas que impiden ser uno mismo* de Lise Bourbeau. Editorial Diana.

¿por qué ya no me quiere?, ¿no es suficiente lo que le doy?, ¿acaso no le gusto o le parezco poca cosa?

La máscara que usa es la del *huidizo*. Esta máscara en la etapa de la duda, se manifestará así, huyendo, tiene tanto miedo de ser otra vez rechazada, como lo fue en su infancia, generalmente de manera inconsciente, que tiende a alejarse, metiéndose pensamientos de devaluación. Regresa a su vida ensimismada, si usa sustancias o conductas adictivas, puede volver a ellas. Si existe alguna discusión, evitará buscar a la persona, esperará a que sea la otra la que le llame, pues tiene miedo a que la rechace.

Abandono: Las actitudes de quien tiene esta herida se manifiestan buscando a toda costa atención, apoyo y sobre todo protección por parte de la persona de quien está enamorada. Puede incluso convertirse en víctima y ponerse enferma solamente por recibir atención, en caso extremos es la persona que chantajea diciéndole a su pareja que se quitará la vida si la deja. Le cuesta funcionar sola. Le cuesta mantenerse en pie. Es histriónica, pues le gusta ser el centro de atención. Es posesiva y controladora, por miedo a que la abandonen.

La máscara que usa es la del *dependiente*; las preguntas que se hace o dice son: "¿y si me abandona y se va con alguien más?, ¿por qué me deja sola?, ¿qué voy hacer si terminamos?, ¿qué voy hacer sin ti?, en casos graves de dependencia, las personas hacen lo imposible porque la otra persona no se vaya, asfixiando la relación que al final termina, pues se cumple su más grande miedo: el abandono. O puede ser que es tan grande el miedo, que prefiere ser la persona quien abandona la relación antes de sufrirla justificando la poca atención que tenía del otro.

Humillación: Se ha sentido vejado en su libertad de conocer el placer físico; su máscara a utilizar es la del *masoquista*; con actitudes y comportamientos de una persona muy sensual a la que le gustan los placeres asociados con los sentidos, pero que los rechaza por miedo a desbordar, a perder el control y a sentir vergüenza. Hace todo lo posible para no ser libre, por lo que se vuelve muy servicial y se ocupa de las necesidades de sus allegados antes que de las suyas.

El masoquista siente a menudo asco de sí mismo, se trata de desalmado, de guarro, de indigno. Se recompensa a menudo con comida, lo que le da la razón de sentirse asqueado de sí mismo. Atrae situaciones en público para hacerse humillar. Las preguntas que se hace o dice son: "¿Cómo me va a querer si soy despreciable?, ¿le dará vergüenza salir conmigo?, ¿no le gusto? El o la masoquista puede también ser muy cruel con las otras personas, pues en ocasiones prefiere lastimar y humillar antes de ser humillado; creando relaciones sado-masoquistas[73].

Traición: Activada está herida, la persona, se siente traicionada, manipulada o que le han mentido. Ha perdido su confianza. La máscara que usa es la del controlador. Tiene una personalidad fuerte, le gusta controlar a los demás para que respondan a sus expectativas. Su presencia no pasa inadvertida en un grupo. Busca ser especial e importante. Es intolerante e impaciente con las personas lentas. Intenta imponer su punto de vista a toda costa. Muy seductor y manipulador. Es escéptico con los demás, tiene miedo de que le seduzcan. Le cuesta comprometerse con las personas a nivel emocional. No confía fácilmente en los demás. No puede tolerar que le mientan,

---

[73] En este punto no me refiero a lo sado- masoquista como una manifestación erótica, aunque hay parejas que al trascender esta etapa pueden transformar sus heridas en posibilidades para el placer de común acuerdo.

aunque él miente a menudo a los demás. Es especialista en culpar a los demás, no asume su responsabilidad, pero quiere que todo el mundo le considere muy responsable.

Las preguntas que se hace o dice son del tipo: ¿andará saliendo con alguien?, ¿dónde estará?, ¿le gustará alguien más?, ¿me estará diciendo la verdad? Las personas con esta herida, difícilmente pasan a la siguiente etapa, o requieren hacer un trabajo personal importante, antes de comprometerse, tienen varias parejas, las cuales las traicionan, o a las cuales traicionan, o se van, pues la duda es insoportable para ellas. Si pasan a una siguiente etapa, buscarán controlar a la otra persona creando relaciones posesivas.

Injusticia: Las personas con esta herida han sentido bloqueado su desarrollo en su individualidad. Ha sufrido la frialdad y la insensibilidad. La máscara que utilizan es la *rigidez*. Muestran actitudes y comportamientos del rígido: muy perfeccionista, quiere vivir en un mundo perfecto. Para no sentir las imperfecciones se ha desconectado de su sensibilidad. Parece un eterno optimista, incluso aunque todo vaya mal. Raramente admite vivir problemas, sufrir fatiga o incluso malestar físico. No respeta sus límites, dado que no los siente. Se controla fácilmente (peso, comida, ira, etc.). Pasa por frío e insensible. Se siente apreciado por lo que hace y no por lo que es. Es muy exigente consigo mismo. Las preguntas que se hace o dice son del tipo: ¿pero si todo estaba bien, de qué se queja?, ¿y si le doy un poco de tiempo, para que recapacite?, ¿y si lo justo para ambos es terminar? A quienes se les activa está herida, requieren escuchar a su pareja, sensibilizarse para avanzar a la siguiente etapa.

Desde mi experiencia en consulta, las personas y parejas pueden identificar sus heridas, y las que se han activado en la relación durante la etapa de duda. Aunque hay heridas más marcadas en cada persona, lo cierto es que se van mezclando o intercalando dependiendo de la pareja, la situación y proceso que cada persona esté atravesando. Dependiendo del nivel de consciencia, autoconocimiento, deseo de seguir con la relación, se puede superar esta etapa de duda. Una gran herramienta es la comunicación. Si además entendemos que es un proceso personal, que lo que la otra persona hace, solo es activar heridas, no porque ella así lo quiera, sino, porque las relaciones cambian, los individuos son eso individuos, cada quien trae sus propias máscaras y que es probable que solo estemos reviviendo nuestras heridas, tal vez podamos avanzar y crecer.

También podemos descubrir que las heridas de la otra persona, son tan grandes que es difícil continuar la relación; o como ya lo hemos comentado, nunca estuvo en la relación, tal vez tenía otros intereses, cabe recordar incluso que hay personas, generalmente hombres, que abusan de mujeres enamorándolas para sacar algún tipo de ventaja. En cualquier caso, necesitamos darnos cuenta de que es un proceso inconsciente, que se activa, el cual una vez notándolo podemos analizarlo y trabajarlo. El enamoramiento, en este sentido se convierte en una oportunidad para conocernos, descubrir nuestras heridas y máscaras con las que hemos operado en diversos momentos de nuestra vida, en otras relaciones, desenmascarar nuestros miedos y tomar decisiones.

La persona que nos acompaña en este laberinto, activa con su presencia, nuestros más anhelados sueños, como ya vimos en las primeras etapas, pero también nuestros más terribles miedos. Y si ambos están dispuestos a transformarlos, acompañarse a la siguiente etapa, podrán hacerlo. Sin embargo, hay parejas que pueden también quedar atrapadas en esta fase, creando un círculo vicioso, incluso de violencia, lo cual, en ningún caso es recomendable y lo mejor es terminar el ciclo y avanzar por caminos distintos. En ocasiones la duda causa un decremento en el rendimiento y puede ser el factor que desencadene un rompimiento en la relación; sin embargo, siempre implica un crecimiento personal. Cuando la pareja logra sobrevivir a la fase de duda, también sale beneficiada, pues se dan cambios que producen crecimiento.

El cuento de hadas, la gran trampa

Al superar la duda, las personas pueden entran en la fase de **estabilidad**, en la que los acuerdos honestos, pueden ser lo suficientemente firmes para que se incremente el rendimiento social, laboral y familiar de sus miembros. Aunque puede haber desacuerdos y disgustos, las personas han encontrado un equilibrio sobre el cual, compartir su vida, sus tiempos y probablemente el mismo espacio. La comunicación e interacción son dos aspectos fundamentales durante esta etapa.

Sin embargo, para que la pareja no se estanque y tenga un crecimiento y maduración reales, la estabilidad es una fase que siempre está intercalada por momentos de duda, en los que se dan los reacomodos necesarios para el crecimiento. Si la pareja no presenta la duda, se puede llegar a un estado de tedio y aburrimiento, el que va minando la relación y puede durar toda la vida o llevar al rompimiento, en especial, es común en quienes tienen como único modelo de pareja la que surge de ese amor de cuento de hadas, el amor romántico.

Sin embargo, la etapa de estabilidad, que muchos autores, sexólogos, psicólogos y otros profesionales de desarrollo humano, postulan como una opción, a veces la única, de pareja, y casi sinónimo de amor; en la actualidad por la diversidad de tipos de relación, los movimientos sociales, que ponen en tela de juicio la estabilidad de las parejas, y cuestionan el amor romántico; es que habría que cuestionar el cuento de hadas que terminaba con un "y fueron felices para siempre", ahora sabemos que eso no es cierto, ni el "fueron felices", ni tampoco el "para siempre".

O tal vez sí, y lo que no aclararon, es si además se *amaron*, para siempre. Pues lo que los cuentos de hadas, que en las décadas de los 70´y 80´ funcionaron como mecanismos para implementar esa creencia, resulta que se quedaron solo en la demostración, de las primeras fases de un proceso encantador que algunas personas vivimos, en algunos momentos de nuestras vidas, que es enamoramiento. Esos cuentos, también, animaban a una gran mayoría de parejas a continuar la relación, con la promesa de la felicidad eterna. Pero eso ¿es el amor? Y ese amor ¿necesariamente se institucionaliza? A institucionalización me refiero a la elección de matrimonio, la elección de vivir juntos o compartir un proyecto de vida.

Algunas terapias de pareja actuales, se centran en que las personas superen sus desacuerdos, hagan nueva estructura, enfrenten sus dificultades emocionales y/o sexuales, se separen o sigan juntos bajos reglas claras, atraviesen juntos etapas de la familia; es decir que funcionen[74]. Pero el amor es otro asunto; pues si bien, el enamoramiento como lo hemos mencionado en contadas ocasiones, es un asunto universal, el amor es un estado que pocas personas experimentan o en pocos momentos de sus vidas, pues es completamente

---

[74] Quiero aclarar, que las terapias de pareja funcionan, precisamente porque esos son los temas que les ocupan a las personas y a las parejas.

independiente de cualquier cuento, historia, necesidad de transformación, herida, pretensión, expectativa y acuerdo. En el amor, el tiempo, la forma y las condiciones no existen. Es conciencia del ser, que se da cuenta de su existencia en compañía de otros seres, con quienes ha coincidido, es agradecimiento y compasión, es elección y posibilidad, es energía que se manifiesta en un yo, un tú, un nosotros y un somos con todo.

La mujer reprimida, está atada a todos esos cuentos, atada a las heridas y a los enamoramientos que vive, una y otra vez, y a los que algunas se hacen adictas, o a los que se niega a atravesar. Las mujeres reprimidas prefieren muchas veces quedarse solas, antes de volverse a enamorar, y esta es una opción, pero como han ligado el enamoramiento al amor, no descubren que pueden elegir el amor de una manera diferente y se quedan atrapadas en sus historias de dolor, lamiéndose las heridas y atadas a ellas; con pocas posibilidades para relacionarse no solo con los hombres, sino con el mundo entero, lamentando o anhelando un amor que le contaron, podía ser.

Otro tipo de relación que establece la mujer reprimida, es en la que vive justificando el desamor que padece, incluso viviendo con una pareja "estable", cumpliendo con un papel autoimpuesto; aunque ya no se sienten enamoradas, dicen amar a la persona y si claro, pero le siguen reprochando la falta de esa chispa que activaba la pasión de las primeras etapas, se entregan al amor de los hijos, si los hay o se enfocan en sus éxitos profesionales o laborales, han cambiado amor por éxito, otra de las grandes trampas de la actualidad. Aman sus triunfos, se dicen libres y no se dan cuenta de lo esclavizadas que están a una nueva estructura del sistema que las alaba

Mujer y... ¿Sexualmente reprimida?

como mujeres "empoderadas[75]", pero vacías de amor. Han pasado de la víctima sumisa y abnegada, a la víctima empoderada, resentida y a la defensiva de un sistema, igualmente carente de amor, pues el mundo, sus sistemas, los hombres, muchos con los que se encuentran están igual, deprimidos, tal vez no en lo sexual, pues ahora es más fácil liberar la tensión sexual de muchas formas, pero a todos nos sigue faltando algo... amar.

La mujer sexualmente liberada, se arriesga, se enamora y/o ama y aprende, sana las heridas, vive el duelo del desamor y elige nueva energía. Si elige quedarse, es porque ha descubierto que la otra persona tiene la intención de crecer en su compañía, no lo sufre porque se desapega y vive en amor, primero consigo misma y lo transmite; reconoce que puede engañarse y se prepara, busca ayuda, se acompaña de otras mujeres, evita a las que se victimizan y busca a *mujeres amor*. Las mujeres sexualmente liberadas son mujeres amor, liberan el amor porque se saben amorosas. Lo humano les duele, revisan esos dolores y los trascienden. No son víctimas del amor, son creadoras del mismo, porque están en él.

El corazón del mundo de los amores

Decíamos en el primer capítulo que el mundo de los placeres es el más reprimido, incluso el más castigado, pero el mundo de mayor represión es el de los amores. Y se reprime tanto que pocas mujeres y hombres han tenido acceso de manera sostenida a este estado en sus relaciones, y esto en

---

[75] El concepto de empoderamiento de las mujeres, en algunos lugares se ha confundido y se ha llegado a pensar que una mujer empoderada es una mujer fuerte, dura, que aguanta y sale sola, que está a la defensiva muchas veces de maneras agresivas. Pero sigue sin hacerse cargo de su poder, y se somete a las leyes de un nuevo sistema que la aparta de sus deseos, los cuales niega y reprime.

parte es por las heridas del alma que se establecen desde muy tempranas edades. He llegado a pensar que nuestra tarea como seres humanos, es sanar esas heridas para entonces acceder de forma simple al amor[76]; pero lo cierto es que, simplemente, cuando estamos en un estado de amor, las heridas no aparecen, no se puede manifestar dolor en un estado en el que sólo hay energía vital amorosa. Pero así, como las heridas se activan, el amor también se activa, ¿qué significa esto?, que el amor está en nosotras, pero inactivo, dormido o reprimido. Todas las personas lo hemos experimentado, solo que por lapsos breves, pues la mente es su principal obstáculo, y hemos sobrevalorado los asuntos de la mente y anulado los del corazón, y no me refiero a un asunto romántico; sino a una realidad que cada vez nos rebasa, la ciencia actualmente nos da muestras de las maravillas de estar en estado amoroso, que tiene su base en el cuerpo, aunque al igual que la experiencia erótica del mundo de los placeres lo trasciende.

Este mundo es totalidad, es unión, es un mundo de espejos con energía vital, está en una dimensión muy diferente a lo que hoy conoces como amor romántico, o apenas lo has experimentado por instantes mágicos fuera de la mente y a pesar de todo esto, es un mundo que tiene urgencia de vivir y expandirse, lo único que requiere es que tú lo construyas para hacer presencia en la dimensión de tu vida.

El órgano base del estado amoroso es el corazón. El doctor en medicina J. Andrew Armour, en 1991, demostró que el corazón posee 40,000 neuronas, es decir, que posee un sistema nervioso que funciona con independencia del cerebro, este

---

[76] También, considero que puede ser que nazcan personas amor, que no requieran activar heridas, y esto explicaría el que, cada vez más, hay movimientos que niegan el amor romántico y establecen vínculos amorosos armoniosos y no tormentosos. Eso como posibilidad "utópica" alcanzable.

sistema lleva el nombre de "sistema nervioso intrínseco cardíaco"[77], mejor conocido como "el corazón del cerebro", dicho descubrimiento dio origen a un campo de conocimiento llamado *neurocardiología*. El corazón y el cerebro están conectados a través de vías eferentes (descendente) y aferentes (ascendentes); el 90% de las fibras nerviosas que las conectan, van del corazón al cerebro y envían continuamente señales información que interactúa y modifica la actividad en los centros cognitivos y emocionales superiores del cerebro.

Si el centro energético de tu corazón está abierto, los centros de supervivencia de tu cerebro no pueden tomar el mando, cuánto más te enfoques en el corazón, menos probabilidad de reaccionar a tus heridas, carencias y emociones; recordemos que las emociones son respuestas químicas de experiencias pasadas, por eso te enamoras, no con el corazón sino con la mente que necesita, la mente que se proyecta, las hormonas emocionales que te gobiernan; el enamoramiento es por eso más común en la adolescencia, pues además hay un impulso a la reproducción, el enamoramiento, dura entre 2 y 4 años, tiempo en el que si una mujer queda embarazada, esto asegura que al menos ese tiempo, la pareja permanezca unida para el cuidado de la cría, esto es biología y sobrevivencia de la especie, no amor.

La mujer reprimida, anula al corazón, lo reprime, a causa de vivir desde las creencias que le alimentaron las historias de amor nacidas en el siglo XII, con el amor cortés[78], reforzadas en

---

[77] J.A. Armour, (1998). *Anatomy and Function of the Intrathoracic Neurons Regulating the Mammalian Heart*, en I. H. Zucker y J. P. Gilmore, esa., Reflex Control of the Circulation, Boca Raton, Florida, CRC Press, 1998, págs. 1-37. Cita de Dispensa, J. p. 211.
[78] El amor cortés en el que a la mujer se le colaba inmaculada, inalcanzable para los artistas, que generalmente pertenecían a una clase social distinta. "El amor cortés aparece en una

los cuentos de hadas del siglo pasado y es víctima de ese supuesto amor, que vive en su cabeza, que insiste en revivirlo en su vida, solo que no descubre, que el cuento de los hombres ha sido otro, a las mujeres y a los hombres nos enseñaron a vivir el amor de maneras distintas. Alberoni, dice en su libro *El erotismo*[79], que las mujeres amamos desde la continuidad y el hombre desde la separatividad, similar a lo que menciona Fina Sanz, como fusión y separación, "Las mujeres hemos aprendido a amar para la fusión y los hombres para la separación[80]. A las mujeres se nos enseñan a esperar y a amar a un hombre con la misma devoción que amamos a Dios o esperamos al príncipe azul. A las mujeres nos han enseñado a amar la libertad del hombre, no la propia. Mujeres y hombres somos víctimas de las historias que lo único que han hecho es separarnos.

El corazón procesa emociones de manera independiente y tiene estructuras nerviosas que le permiten sentir, recordar, autorregularse y tomar decisiones sobre el control cardiaco con independencia del sistema nervioso. Lo cual es muy importante, ya que podemos hablar de la *inteligencia del corazón*, que el Instituto Heart Math, un instituto enfocado a investigar la relación entre corazón y mente, define como: "El flujo de conciencia y reconocimiento que experimentamos cuando la mente y las emociones entran en un estado de equilibrio y coherencia a través de un proceso autoprovocado. Esta forma de inteligencia se experimenta como saber directo e

---

época en la cual, la mujer era una posesión más, como el palacio o los perros que lo custodiaban." Cita de Calle. R. op. Cit. 78.
[79] Alberoni, F. (2004), El erotismo, Barcelona, España, Gedisa.
[80] Sanz, F. (2003), Los vínculos amorosos, Barcelona, España: Kairós p. 271.

Mujer y... ¿Sexualmente reprimida?

intuitivo que se manifiestan en pensamientos y emociones para nuestro propio beneficio o el de los demás."[81]

Es decir, podemos a voluntad, habilitar a nuestro corazón para experimentar emociones de frecuencia elevada, como son el amor, la dicha y la gratitud. Recordemos que las emociones son energías en movimiento. Toda energía es una frecuencia, y toda frecuencia transporta información; cuando nuestro corazón está en un estado de coherencia, es decir, late de manera consistente, rítmica y ordenada, en ese estado, se comporta como un amplificador que envía información coherente a través de caminos nerviosos al tálamo, sincronizando la neocorteza y centros de supervivencia del cerebro. Practicando una y otra vez la regularización de los estados emocionales amplificados, en este caso amorosos, conseguimos que con el tiempo, la sensación constante de vivir en amor, cree una nueva base emocional amorosa; el cerebro responderá a lo que el corazón de manera consciente le envíe, y este no será dominado por las creencias y emociones del pasado, estaremos creando así el amor, vibrando en amor y siendo mujeres amor.

Joe Dispenza, señala, que "Cuando se instala este tipo de retroalimentación entre el corazón (el cuerpo) y la mente y (el cerebro), la expresión de tu ser -la conciencia de la mente ilimitada y la energía de un amor y una gratitud intensos- cambia por completo. La repetición de este proceso, es el camino por el cual, lograrás lo que condiciona tu cuerpo, reprograma el cerebro y reconfigurar la biología para ajustarlo todo a la nueva expresión de tu ser."[82] A partir de ese momento, emites de forma natural, automática y regularmente,

---
[81] Cita de Dispensa, J. p. 197.
[82] Op. Cit. p. 216.

una onda electromagnética, que define quién y la mujer en la que te has convertido. Y lo mejor es que actuarás como una antena, que solo atraerá a su vida situaciones amorosas, tal vez, incluso personas amor, creando nuevas historias de relaciones.

El enamoramiento se vivirá de forma distinta, será cosa del pasado o la vivirán sólo los adolescentes. Siempre será una opción para seguir reproduciéndonos, una opción emocional extraordinaria que valdrá "la pena vivir", pero cuando termine, no serás víctima de ese estado emocional, sino responsable de haberlo disfrutado y con la posibilidad de experimentar uno de los estados emociones más elevados, que junto con el amor, cada día son más necesarios de experimentar entre los seres humanos: el agradecimiento, hacia esa persona en la que pudiste espejearte.

Una mujer sexualmente liberada, es una mujer amor, ya no busca ser amada porque el amor está en ella, se ha conectado con las energías de vida más poderosas que existen: la energía del amor y la energía sexual, para crear en armonía con el todo y con el cosmos, una mujer que vive su sexualidad de manera sagrada y divina, se reconoce como una mujer de luz, su identidad no está definida por el contexto social que la limita y la encasilla , sino con la mujer que a través del placer se sabe merecedora de lo superior y que con su corazón conecta con su entorno, creando mundos posibles para todos los seres. Una mujer amor ha trascendido el cuerpo de las emociones que la desbordan y la mente que la domina. Ahora es dueña de su cuerpo, de sus emociones y de su vida.

Mujer y... ¿Sexualmente reprimida?

Meditación para promover la coherencia cardíaca[83]

Esta meditación, tiene como base la técnica de desbloqueo, desarrollada por el Instituto HeartMath.

- Cierra los ojos, deja que tu cuerpo se relaje y centra la atención en el corazón. Empieza a respirar desde el centro del corazón y sigue haciéndolo más despacio y profundamente. Cuando tu mente divague, devuelve la atención y la conciencia al pecho, al corazón y a la respiración. A continuación, con la atención puesta en el cuarto centro, evoca la emoción elevada del amor, mientras sigues respirando desde el centro del corazón. Una vez que notes esa emoción sincera en la zona del pecho, envía la energía más allá del cuerpo, y únela a tu intención. Sigue proyectando energía e intención a tu alrededor. Empieza haciéndolo 10 minutos e intenta alargar la duración de la práctica cada día.

Al final, cuando hayas descubierto cómo se siente tu cuerpo cuando alberga esa emoción superior, puedes practicar a lo largo del día con los ojos abiertos. Incluso podrías programar una alarma en el teléfono para que suene 4 veces al día, y cuando la apagues, darte un minuto o dos para experimentar esa emoción elevada.

Amor, amor, AMOR

Hace algunos años, me gustaba iniciar mis conferencias diciendo "el amor no existe", esto creaba un revuelo en la sala, muchas personas molestas, de lo que acaban de oír, y cuando

---

[83] Dispensa, J. p. op. Cit. 222, adaptada para conectar solo con el estado amoroso, pero puedes conectar con otros estados emocionales de alta vibración, como el agradecimiento, la ternura, la alegría, libertad, entre otras.

les preguntaba qué era el amor, sus definiciones se centraban en decir que era un sentimiento, una emoción que se siente, y había grandes dificultades para definirlo, lo cual, sabemos que en general así ha sido. En 2012 la pregunta más buscada en Google fue: ¿Qué es el amor?, muchas personas de todos los tiempos se han hecho esa pregunta, aunque muchos aseguran que existe y claro que creen saber qué es, al menos la intuyen. Mi conferencia la continuaba declarando que el "amor no existe... lo creas".

En los párrafos anteriores, exponía al amor como una energía de alta vibración, la cual podemos activar en nuestro cuerpo con el solo hecho de así quererlo, de forma rigurosa lo que yo exponía en las conferencias, no era literal, el amor si existe, aunque está dormido o desactivado en nosotros, envuelto en otras emociones, o peor aún reprimido por nuestros pensamientos. El amor es esa energía de vida, que va tomando forma en nuestro cuerpo como emociones, sensaciones y pensamientos, le damos forma para que vibre en el cuerpo se expanda y viva, por medio también de nuestras acciones.

Todas las personas sabemos lo que es el amor, porque para estar vivos, alguien nos amó, sino no existiríamos, así de simple, alguien tuvo que haber activado su energía amorosa y mostrarnos su amor de alguna manera, para que pudiéramos sentir el amor en nuestras células y así elegir la vida.

A lo largo de la historia de la humanidad, el amor ha ido tomando diversas formas, siempre ha estado presente como energía de vida, en el universo, coexistiendo con otras energías, igualmente de vibraciones altas como: voluntad, gratitud, reconocimiento, alegría, libertad y éxtasis, y con otras de baja vibración entre ellas: culpa, vergüenza, sufrimiento, autocompasión, dolor y codicia[84]; las formas de cada una de estas energías, se han ido modificando de acuerdo a los intereses que imperan en cada sociedad y cultura, contraponiéndose y afectándose unas con otras. Por eso mismo es que difícilmente podemos llegar a acuerdos en tanto lo que es el amor, aunque siempre ha habido intentos para definirlo y describirlo. A continuación mencionaré solo algunas conceptualizaciones, con la intención de que cada una de nosotras, de igual manera, como lo hicimos en el *mundo del yo soy*, vayamos construyendo nuestro propio concepto de amor.

Para Octavio Paz, el amor es una de las invenciones humanas más grandes que hemos logrado. "El amor es vida plena, unida a sí misma... el amor es el descubrimiento de la unidad de la vida." Y continua, "El amante ama el cuerpo como si fuese alma y el alma como si fuese cuerpo. El amor mezcla la tierra con el cielo: es la gran subversión. Cada vez que el amante dice: *te amo para siempre*, confiere a una criatura efímera y cambiante dos atributos divinos: la inmortalidad y la inmutabilidad. La contradicción es en verdad trágica: la carne se corrompe nuestros días están contados. No obstante, amamos. Y amamos con el cuerpo y con el alma, en cuerpo y alma." La gran tragedia del amor. El amor también se transforma, según dice, "en compasión, en el sentimiento de compartir y participar... Ya viejo Unamuno decía: no siento nada cuando rozo las piernas de mi mujer pero me duelen las mías si a ella le duelen las suyas... A cierta edad, se convierte en *comphatía*... no es un afecto de la cabeza ni del sexo sino del corazón."[85] Cabe recordar que Octavio Paz como buen poeta,

---

[84] Ver la escala en la obra citada. Op. Cit. p. 66.
[85] Paz, O., Op. Cit. 160 p.

retoma ideas del amor cortés, y las ilumina, pero aclara, el amor es una invención.

Kuan Yin Diosa del amor incondicional y la compasión[86].

Alberoni, como sociólogo, plantea que el amor es un movimiento colectivo de dos, para él solo surge si nace del enamoramiento, el cual es un estado siempre naciente. "El amor es el aspecto subjetivo, emocional del proceso en que generamos, mientras somos a nuestra vez generados, de algo que nos trasciende."[87] El amor es descubrimiento, es revelación

---

[86] Imagen publicada por Malú en Feng Shui Tradicional México.
[87] Alberoni, F. op. Cit. p. p. 233-236

admiración, adoración, vida que quiere vivir, deseo de vida, es alabanza y reconocimiento.

Ramiro Antonio Calle Capilla, maestro de yoga y escritor. Para él, el amor es mágico, es una energía poderosísima que, según el objeto amoroso hacia el que se dirija, toma su forma, y señala: "Se puede decir que el amor es inclinación a lo que consideramos hermoso, fuente de felicidad, manantial de disfrute, entrañable, apetecible, enriquecedor. Podemos indicar que es un anhelo hacia lo que consideramos sublime, esencial e importante para nosotros, amable y adorable, susceptible de despertar nuestra capacidad de incondicionalidad y entrega. Se puede señalar que es un sentimiento profundo que nos invita a compartir y a cooperar con otra persona, poner medios para que sea feliz, crear un espacio de intercambios de afecto y ternura, confidencias y complicidades".[88]

Álvarez-Gayou, Sexólogo Mexicano, más que definirlo, lo expone de la siguiente manera: "Me importas, quiero entenderte para que tú estés bien, porque tu bienestar, lo es también para mí y quiero estar junto a ti, siendo cada uno de nosotros una persona, quiero caminar la vida contigo, no arrastrándote ni siendo arrastrado, sino con la mano apoyándote y apoyándome en ti cuando sea necesario, de tal manera que podamos ser libres con nosotros mismos y en la unión que deseamos, a la vez muy responsables de nosotros y nuestros actos."[89]

En una entrevista que se le realizó a Alejandro Jodorowsky, artista chileno, dijo que el amor consciente es la

---
[88] Calle, R. op. Cit. 16.
[89] Álvarez-Gayou, J.L., (1996), Sexualidad en la pareja, México, D. F., México: Manual Moderno. P. 52.

unión de almas, un encuentro mágico, donde "lo que más me interesa es que tú progreses, yo te estoy viendo, crecer, estoy viendo desarrollarte, ver tu desarrollo es el amor consciente - quiero que me quieras-, eso no es amor, -quiero quererte- eso es amor; y luego, está el amor divino, que es la unión en este inefable mundo universal. Es el amor que se une en esta fuerza interior, en el amor divino nos apoyamos el uno con el otro, y aparece el mundo, aparece el otro, nuestro amor es para el otro, no queremos nada para nosotros, que no sea para los otros."[90]

Fina Sanz, psicóloga, sexóloga y pedagoga; ella comenta que "es difícil hablar del amor, porque el amor más que hablarlo hay que vivirlo. El amor es un conjunto de vivencias, un proceso que puede ser vivido con mayor o menor duración, con mayor o menor intensidad, en el que se interrelacionan y activa en las emociones, el pensar, el sentir y el actuar del ser humano."[91] Para Fina, el amor es una energía, que no conoce géneros; su trabajo lo ha dedicado al reencuentro de las personas, de ahí el nombre de su legado al mundo: la Terapia de Reencuentro.

Y para las personas ágamas, simplemente el amor no es un sentimiento, ni una experiencia, ni un arte. El amor es la ideología que determina cómo deben ser nuestras relaciones. Y declaran estar contra él.[92] Establecen relaciones que se desarrollan de manera progresiva y consciente, de forma responsable ante cualquier expectativa ilegítima que proyecten sobre ellas. El apego por quienes satisfacen sus necesidades de

---

[90] Ver video en: https://www.facebook.com/EhUniverso/videos/vl.473393983056095/197725790975770/?type=1
[91] Fina, S. op. Cit. p. 26.
[92] Revisar en: http://www.contraelamor.com/

Mujer y... ¿Sexualmente reprimida?

forma confiable, el afecto y la admiración por quienes actúan de manera virtuosa. Son las tres emociones, que dan fundamento de sus vínculos emocionales y su felicidad.

Después de reflexionar sobre estas diversas maneras de ver el amor, ¿Cómo definirías el amor, si de eso dependiera que lo vivieras? ¿Qué te gustaría que hubiera en tu mundo de los amores? El amor es esa energía que podrá tomar la forma que tú le des en el mundo, la mujer amor, es libre para elegir desde la consciencia, el autoconocimiento, el deseo lo que quiere, sabe elegir para poder crear, y tiene ya muchos más modelos que la mujer reprimida. La mujer amor, vive el amor y le da nacimiento cuantas veces quiera, con los elementos que le placen. Es libre y libera.

Mi mundo amoroso...

Amar es urgente

No importa cómo describas el amor, lo que sí es importante es que lo pongas en el mundo a partir de tus acciones, expresar el amor que eres, pues no basta con serlo, hay que vivirlo creándolo, si no se asfixia, sería una incongruencia ser una mujer amor liberada, si reprimes tu amor. Cuando te mantienes en un estado amoroso, estás conectada con la energía universal de amor, con la fuente, y eso te hace estar en algo que llamamos *bien-estar, bienestar*. Cuando estas en bienestar, también puedes *bien tratar, bien accionar*; ya no solo estas, ya no solo es un estado; llegas al campo del accionar, para crear, para ser siendo.

Una de las conferencias que imparto, le he puesto el nombre de *Amar es urgente*, esta frase la tomé de una canción de 1983, que más que canción, es una poesía de Miguel Abuelo, Mundos inmundos...

Plantas, estrellas.

Bóveda sideral, tan astral.

Tiempos remotos, aquí y ahora.

Cruceros galácticos...amigos.

Cae el rocío a besar la tierra.

La mujer se encanta, el hombre se alegra.

Presente, presente, presente

Bailen, salten, piensen, jueguen, quién es quién, toquen.

Mujer y… ¿Sexualmente reprimida?

Sed felices.

Sed felices.

Mírese, acérquese, Muévase, agárrese, sacúdase, muévase.

Hay invisibles vidas iguales. Presentes.
Hay otros mundos de luz diferente. Presente.
Como tú quieras ser de seres
Y un insecto hay.
La noche inmensa mañana y fantasía.

Guerrero sed dichoso.
Artista valeroso.
Mujer sed soberana.
Amigo se mi hermano.

Un hilo de la vida
dice a los que la vemos
que no hay malo ni bueno
si uno se pone a salvo.

Se acercan tiempos difíciles
Amar es urgente, urgente, urgente, urgente, urgente, urgente.

Esta frase la llevo como bandera, antes de hablar, en las conferencias, en las que comparto la propuesta de construir una cultura de buen trato, como antesala a una cultura amorosa, de vínculos afectivos, en los que las otras personas nos importen y en la que nosotras mismas, nos importemos. Las conferencias y la frase misma, formaron parte de una campaña en 2018, mientras escribía este libro, que el gobierno del Estado de Guerrero, aceptó como una de las acciones de la estrategia para dar respuesta a la Declaratoria de alerta de violencia de género contra las mujeres, que el gobierno federal, lanzó al estado[93]. En México, la violencia contra las mujeres, ha rebasado lo impensable en muchos estados del país, como en muchas otras partes del mundo.

Vivimos desconectadas de la energía amorosa, lejos de estados de bienestar; el miedo, el rencor, las heridas, nos tienen en un mundo inmundo, es urgente limpiarlo, sanarlo, amarlo, transformarlo, y estoy convencida que la mujer amor y sexualmente liberada lo puede lograr, la guerra ya terminó, ya no quiero más feminicidios, ni niños y niñas viendo a sus padres lastimarse, ni mujeres convencidas que no valen, ni hombres confundidos porque tienen que aparentar lo que no son, ocultando lo que sienten, miedosos de la vida, deshonestos consigo mismos, porque no aceptan su propia feminidad, como si no fuéramos todos humanos y completos; a mujeres y a hombres nos contaron mal el cuento, lo que decimos "feminidad" no es otra cosa, que la otra parte de nosotras y nosotros que los sistemas de poder, no reconocen, porque al hacerlo, seríamos todos iguales, seres, dignos, amoroso e íntegros. Es más fácil, educarnos para odiarnos y controlarnos

---

[93] Revisar en:
https://www.gob.mx/cms/uploads/attachment/file/323110/Declaratoria_AVGM_Guerrero.pdf

entre nosotros, que educarnos en y para el amor, los seres amorosos somos seres libres, para hacer, para elegir, para crear.

Si has logrado conectar con el amor, vibrando y reconociendo tus estados amorosos, ahora vamos a poner en práctica algunas acciones que fortalecerán a la mujer amor, en quien te estas convirtiendo. En el mundo de los placeres, iniciaste el camino del amor, conectando con la sexualidad sagrada que es una manifestación de la mujer amor, elevaste la energía con los ejercicios, en el chakra[94] de la sexualidad y lo conectaste al chakra del corazón, y otros chakras superiores. Ahora continuaremos con sugerencias de acciones amorosos que puedes llevar a cabo para liberar a la mujer amor que realmente eres, son solo algunas, pero estoy segura que te darán ideas para ampliar tu campo de acción y multiplicarlas.

Amor propio

La intención final es crear amor en el mundo, sin embargo, no puedes crear amor si antes no amas lo más cercano, que eres tú misma, y para lo cual, es importante conectar con la energía amorosa que vive en ti. De la misma manera que le demuestras a alguien que lo quieres y valoras, también requieres hacerlo por ti misma. Para amarnos es importante contactar con nuestro interior mediante la observación y reflexión constante sobre tu manera de ser y hacer las cosas, si no se mantiene este contacto contigo misma, si no se analizan

---

[94] El vocablo sánscrito chakra se traduce literalmente como "rueda" o "disco". En el yoga, la meditación y el Ayurveda, este término hace referencia a las ruedas de energía en todo tu cuerpo. De acuerdo a esta creencia, existen siete chakras principales, que forman una línea en la columna, comenzando en la base de la columna hasta llegar a la coronilla. Para visualizar un chakra en el cuerpo, imagina una rueda de energía en movimiento donde se unen la materia y la conciencia. Esta energía invisible, llamada Prana, es la fuerza vital que nos mantiene vivos, saludables y vibrantes.

las propias actitudes ante diferentes situaciones, no será posible alcanzar lo que tanto se anhela: la autonomía, la cual está vinculada a la valoración y reconocimiento propios.

Para incrementar el amor propio, requieres conocerte, saber cuáles son tus capacidades, identificar la imagen que tienes de ti misma, sentir amor y un profundo respeto hacia ti, sentirte valiosa... digna.

Ejercicio para crear amor propio

21 miradas

Recuerdas el ejercicio de mirarte frente al espejo, ahora te invito a que hagas algo similar, con la variante de mirarte unos minutos a los ojos solo a los ojos, observes ¿qué ves? ¿Qué hay detrás de esa mirada?, ¿la mujer que miras, qué siente? ¿Se siente valiosa? ¿Se respeta? ¿Cuáles son sus mayores miedos? ¿Cuáles son sus más bellos sueños? ¿Qué te dice la mujer del espejo?, ¿se ama?, ¿se reconoce?, ¿se gusta? Sólo mírate y haz las preguntas, no intentes responder con la cabeza, sino con el corazón. Ni siquiera tienes que ver las preguntas, solo las que surjan en ese momento, ni tampoco requieres contestar, solo deja las preguntas "en el aire", y siente aceptando cualquier emoción que surja. Repite el ejercicio al menos 3 días más.

Al cuarto día, cuando te observes, solo hasta el cuarto día, empiezas a mirarte de forma amorosa, no tienes que decir nada, ni pensar si quiera, solo te miras amorosamente, te sugiero que antes realices, la meditación para promover la coherencia cardíaca, del apartado anterior. Repites esta última mirada al menos 3 días más y cada que lo recuerdes al mírate al espejo, si repites esta mirada al menos 21 días, la mirada que tengas hacia ti misma podría cambiar radicalmente.

Mujer y... ¿Sexualmente reprimida?

Dignidad la moneda de tu valía

En este punto te compartiré lo que ha significado el valorarme a mí misma. Hace algunos años, tome consciencia de lo poco que me valoraba, todos los resultados que tenía en algunas áreas de mi vida, me lo mostraban pero yo no lo notaba, me costaba poner límites en mis relaciones con amigos, me costaba trabajo cobrar lo que yo consideraba justo por mi trabajo, sentía una gran necesidad de reconocimiento, antes de hacer algo que deseaba, buscaba opiniones que validaran lo que yo pretendía hacer, sentía gran miedo al fracaso.

Mis amigas, con las que comparto espacios de crecimiento, me apoyaron, solo para darme cuenta que esas actitudes estaban relacionadas a la poca valía que sentía de mi misma, ¡la gran revelación! Y a partir de ese momento decidí que quería saber que era sentirse valiosa, pues no lo sabía o al menos no lo tenía claro. Y dicen que cuando pides algo con toda tu intención, se cumple, y así fue, solo que la respuesta vino de una manera muy dolorosa.

En esos años establecí una relación afectiva muy importante, yo diría "amorosa", en la que me sentía correspondida, sólo que ambos éramos muy distintos en nuestras formas de relacionarnos, él utilizaba palabras que a mí me parecían denigrantes para dirigirse a las personas, particularmente hacia las mujeres, eso por poner solo un ejemplo, nuestra relación conforme avanzaba se fortalecía, pero llegó un momento en que me empecé a sentir, manipulada, ignorada, y en general violentada por él; al principio no lo notaba, pues la violencia era justificada por mí, porque además era sutil; cuando yo trataba de poner algún límite, él simplemente lo minimizaba o se molestaba conmigo; yo lo admiraba, aunque no estaba enamorada, realmente es un hombre talentoso; pero no solo eso, yo lo ponía muy por encima de mí, y me ponía ahí, porque simplemente no me valoraba.

Pero eso no fue lo más grave, tuve que ponerme en serio en riesgo para poder verlo, puse en sus manos mi sistema de relaciones, mi trabajo, mucho de la estructura que yo había construido por años, y aunque no pudo dañarlo, si pudo ayudarme a ver, que todo eso para él no tenía mayor valor, tuve que ver en él, lo que yo tampoco había valorado de mis logros y de mi misma.

¿Qué pasó después? Aprendí a poner límites, cuidándome y cuidando lo que yo amo, aprendí que puedo amar mucho a una persona, y no por eso permitirle que me lastime, aprendí que cuando no pones límites a los que amas y te aman, no solo te dañas tú, sino los dañas a ellos y a la relación, pues seguramente él también lamento y sufrió el rompimiento; deje de dudar de mis ideas y pedir la validación para cumplir mis sueños, de hecho este libro es resultado de ese proceso; aprendí a valorar a mis amigas, a mis colaboradores, pues quien no se valora, tampoco valora a las personas que la rodean; valoré mis logros, valoré lo que hago, valoré mis aportaciones en las relaciones, me sentí libre, me sentí digna, amada y valiosa por mí misma.

Completa la frase

Lo que más valoro de mi es

———————————————————————

———————————————————————

———————————————————————

Mujer y… ¿Sexualmente reprimida?

Cuando me siento valiosa yo

_____

_____

Me devalúo cuando

_____

_____

Tiendo a devaluarme con las personas que

_____

_____

Lo que haré ahora que conozco las maneras y las personas con las que me devalúo

_____

_____

Ahora me reconozco como una mujer

_____

_____

Mi espacio sagrado

Amarte también implica el amar y disfrutar de tu espacio y tiempo. Recupera tu espacio personal, haz consciencia de que tienes vida propia y un espacio que nadie puede ocupar, ni siquiera tu pareja. Disfruta de tu cuerpo en soledad.

Los momentos de soledad y el silencio interior, son necesarios para mantener un estado de bienestar mental y espiritual. Si no sabemos estar solo con nosotras, creamos dependencias; al igual que si no sabemos compartir los espacios, es difícil crear vínculos.

Ejercicio para recuperar tu espacio sagrado

- Dedica al menos 15 minutos para estar sola en un espacio privado o en un lugar público. Haz contacto con tu cuerpo, tus emociones, sensaciones y pensamientos. No tienes que hacer nada más. Pídele a tu pareja y/o familiares que no te interrumpan mientras dedicas tiempo para ti. Ve a algún lugar público a realizar una actividad sola, puedes ser ir al cine, ir a una cafetería, a una librería y mucho mejor si realizas un viaje de placer sólo contigo.

Dar y recibir

Aquí te invitamos a reflexionar sobre el cuidado que das y recibes, y de todos los beneficios que esto trae para ti como persona.

Quizás te han apoyado con tus estudios, o probablemente te han apoyado cuidando a tus hijos e hijas cuando has salido a trabajar. Con toda seguridad alguien más ha preparado la comida para alimentarte u otras personas más te han enseñado algo que te ha sido de utilidad para tu vida; alguien te enseño un oficio con el cual ahora puedes obtener dinero y vivir. Hay muchas formas de dar y recibir cuidados, tú puedes descubrir algunas.

Lo importante al dar está en la forma en que lo hacemos, del amor que manifestamos en el acto de dar.

Mujer y... ¿Sexualmente reprimida?

El buen trato a otras personas es dar y recibir de manera amorosa, lo contrario sería reprochar, chantajear, celar, hacer las cosas por obligación. Al dar, haz consciencia del amor que tienes por la otra persona a las que has decidido dar algo, despierta el amor que hay en ti.

Ejercicios para Dar y Recibir

- ¡Regálate algo!, no tienes que invertir dinero si no quieres, puede ser algo material, humano o algo intangible como tiempo; da algo a tu ser amado.

- Recibe, has consciencia de cuantas veces, no recibes ni las gracias, así es, cuando alguien te da los buenos días, te agradece, te reconoce, ¿qué es lo primero que respondes? Lo recibes o dicen algo como "gracias a ti", "no, no es nada", "para que te molestaste"; u otra expresión o pensamiento para no recibir, el no recibir, como el no pedir, vienen de lo mismo, de la soberbia. Recibe y ábrete al amor de otros.

Cuidado mutuo

A casi todas las personas nos gusta sentirnos cuidadas por otras personas. Incluso si recuerdas, tú has recibido cuidados de alguien más, por ejemplo, cuando eras bebé alguien te alimentó, te limpió, te abrigó y arrulló para poder dormir. Cuando las personas crecen, sucede algo similar, requieren sentirse cuidadas, atendidas, apoyadas y amadas; los cuidados son importantes para todas las personas, no importa su edad, su sexo, sus creencias o si manifiestan o no su deseo de recibir cuidado.

Piensa en algún momento de tu vida en el que hayas sentido el deseo de ser cuidada por alguien más, con toda seguridad puedes ubicar ese momento y puedo apostar, que también recuerdas a esa persona por quien sentiste el cuidado. Recibir y dar apoyo es una manifestación de cuidado mutuo y más aún, es una manifestación de amor.

El cuidado mutuo, es el conjunto de todas esas acciones que hacen unas personas por otras personas, sin ningún otro interés más que el apoyar y querer que la otra persona se sienta y esté bien.

Así el cuidado mutuo, podemos entenderlo como una expresión amorosa, ese amor que nutre, que permite que las personas se desarrollen y alcancen sus metas, para vivir en estado de armonía y bienestar. El cuidado mutuo es una manifestación del buen trato y ambos en consecuencia tienen como fuente, el amor.

Ejercicios para el cuidado mutuo

- Pide ayuda de alguien, para cualquier cosa, de tal manera que el otro te cuide con esa acción. ¡Déjate cuidar!

- Se consciente del cuidado que das al otro y al momento de cuidar conecta con un sentimiento amoroso.

Validar las emociones

Validar significa dar valor, reconocer que lo expuesto es valioso. En emociones representaría el dar el justo valor a las emociones de otras personas. Es decir: si la persona dice, "estoy sintiendo dolor", eso es válido, para esa persona, lo mismo si dice que siente tristeza o cualquier otra emoción o sentimiento.

Mujer y... ¿Sexualmente reprimida?

Sabemos que todas las emociones son reacciones del organismo y cada persona de acuerdo a su experiencia les da un significado. Nosotras podemos validar esa emoción, escuchándola, empatizando con la persona y nada más. Lo que no podemos hacer es creer que somos responsables de las emociones de nadie, excepto de las propias. La expresión "me hiciste enojar" o "te prometo hacerte feliz" no son ciertas, pues cada persona es responsable de lo que siente y lo que elige hacer con esas emociones.

En las relaciones humanas las emociones de otros, nos generan conflictos ya que lejos de comprender que cada persona experimenta diversas emociones por su propia historia, intentamos, negarlas, invalidarlas o nos tomamos personal la reacción del o la otra. En ninguno de estos tres casos validamos y respetamos la emoción del otro. Para validar la emoción:

- No te tomes nada personal.
- Escucha, deja que se exprese y pregunta ¿qué te gustaría hacer con lo que sientes?
- ¡Aléjate! si la persona te culpa de su emoción.
- Si lo consideras conveniente, aclara la situación en un momento que sea más oportuno y en el cual te sientas segura.
- Puedes validar su emoción y resguardar tu seguridad diciendo algo como: comprendo que te sientas así, sin embargo, yo me siento de esta manera... y lo que propongo es que.... Y toma una decisión que beneficie ambos y les evite agresiones.

Ejercicios para Validar las emociones

Reconoce la emoción que experimentas y valídala, no la niegues e identifica qué quieres hacer para manejarla, de maneras que no te lastimes ni lastimes a otros.

Apoya a tu pareja para que exprese sus emociones, expresando tu comprensión a su emoción.

Atracción y seducción en el amor

Ahora hablemos de la atracción amorosa. La mujer amor es atractiva, física, sexual, afectiva, intelectual, pero sobre todo energéticamente. Y esto es reflejo de su ser y su estar. La mujer amor, es dueña de su mundo, al cual, seduce y atrae. En las relaciones de pareja, la atracción y la seducción son ingredientes importantes de vínculo amoroso. Para atraer a una persona no tienes que hacer nada, se da por sí sola, pero la seducción si implica el reconocimiento de que el otro te importa, por eso lo seduces consciente o inconscientemente.

Lamentablemente por creencias culturales, hemos cancelado las energías de la atracción amorosa y de la seducción, en México, las mujeres miramos poco a los ojos, cuando la mirada es una herramienta básica para seducir, con la mirada le permites a la otra persona entrar en tu espacio personal. El lenguaje corporal seduce, atrae, pero muchas mujeres hemos acartonado el cuerpo, lo hemos tenido reprimido. La sonrisa es de los códigos más atractivos y seductores que hay en mujeres y hombres, y con tanto estrés, las personas cada vez sonreímos menos. Las manifestaciones afectivas son mecanismos directos de la seducción, abrazos, besos, roces, caricias, son maneras efectivas de atraer y crear el amor. Las palabras, el lenguaje también seducen, tus sueños, tus pasiones, al compartirlos atraen.

Ejercicios de seducción con el ser amado

Mira amorosamente a tu pareja, míralo, que se sienta admirado/a por ti. Cuando lo hagas, sin hablar, piensa en todo lo valioso que es, reconócelo con tu mirada. Agradécele su presencia en tu vida, incluso cuando duerme. Dediquen tiempo solo para mirarse, mediten amorosamente en silencio. Y pídele y disfruta el que te mire.

Mueve tus caderas, usa vestido cada que tengas la oportunidad, usa ropa cómoda que te conecte con tu feminidad, atrévete a no usar ropa interior, acude a clases de baile, disfruta de tu caminar, mueve tu cabello, ¡muévete! El cuerpo de las mujeres es distinto al de los hombres y esto crea movimientos distintos, incluso al caminar.

Sonríele a tu pareja, y cuando puedas ríe a carcajadas, libera la alegría de tu cuerpo.

Todos los días ten al menos tres contactos físicos con tu ser amado, acaríciale el rostro, bésalo, abrázalo, tócale el pelo, sedúcelo tocándolo; en los hombres es importante sensibilizar su cuerpo, se han sobrevalorado su pene, y han olvidado que todo su cuerpo siente, una manera de erotizarlos es tocándolos, no solo antes o durante la relación coital. Y pídele que él haga lo mismo.

Toca durante 30 minutos el cuerpo de tu pareja con total devoción, inocencia y curiosidad, tocar lenta y suavemente hasta sentir que todo es presente, todo es ahora, sin objetivo, sin meta, sólo el placer puro, la conexión integral, conexión amorosa.

Háblale de amor, dile lo que te gusta de él, reconócele sus logros, háblale de tus pasiones, susúrrale al oído, rompe la rutina con temas nuevos de esos que nunca antes habían hablado, y pídele que te escuche, pongan reglas en cuanto a los momentos en que no se usa el celular, como a la hora de cenar; abran espacios para solo platicar de ustedes. Invítalo a dar un paseo.

Al hallar al otro, nos encontramos a nosotros mismos. La sexualidad no es sólo un festín de los sentidos, sino los espíritus.

Alquimia amorosa-sexual

El encuentro erótico, no necesariamente es un encuentro amoroso; como un encuentro amoroso no necesariamente es sexual; pero si ambos se encuentran, la magia es inevitable, y tú como buena hechicera, puedes hacer que esto suceda.

<u>Ejercicio Encuentro mágico-amoroso</u>[95]

Para la celebración del encuentro mágico amoroso-sexual, es conveniente y hasta necesario haber enardecido la pasión previamente a dicho encuentro, con los pasos de la seducción. Los amantes, durante los días previos al encuentro, pueden anhelarse y visualizarse, lograr una actitud mental sensitiva y receptiva, meditar e intercambiarse energías. El ánimo debe estar sereno y la pasión presta. Aunque haya un exacerbado deseo, ha de ser desde la lucidez la quietud y la ternura. En la mente comienza a celebrarse el acto amoroso.

Ambas personas se ensueñan, se proyectan energías de amor y benevolencia, y cultivan la disponibilidad para el acto amoroso pleno y totalizador. Antes de conciliar el sueño, por

---

[95] Adaptación del subcapítulo: El encuentro mágico-amoroso. Op. Cit. Calles, R. p. p. 87-99.

Mujer y... ¿Sexualmente reprimida?

las noches, los amantes se hablan, se dicen ternuras de alma a alma, se transmiten complicidades y secretos. Entran así en el sueño un amado al otro y quizás, alguna vez, puedan soñar el mismo sueño y aún en sueños hacerse cercanos y predestinados. Despertar más y más el deseo de unión amoroso -místico.

Separados pueden intercambiar sus energías visualizándose a través de la respiración. «Al inspirar tomo tu energía; al exhalar te doy mi energía». El nombre del amado/a se convierte en un mantra.

Ya en el encuentro, existe amor pasional, pero no hay urgencia, no hay compulsión. Hay intercambio de ternuras, pasiones y fluidos. Es conveniente aromatizar el lugar del encuentro, adornar con flores y utilizar una luz tenue. Frente a frente se miran, se besan; quizás una palabra tierna o el silencio embargador, pueden incrementar la energía de fusión amorosa y mágica.

El mantra es el nombre de la persona, que puede susurrarse lenta y voluptuosamente, con la capacidad para evocar e invocar al ser querido que nos acompaña. La caricia es voluptuosa y lenta, se continúa la magia del beso; besos de todos los signos y características, cada uno con su mensaje, cada uno con su secreto y su confidencia. Besos cargados de ternura y besos cargados de pasión.

Los órganos sexuales se estimulan con caricias y besos, alientos, leves arañazos y cariñosos mordiscos.

Amor y ternura darán paso a la pasión para que cuando la pareja lo crea oportuno, den lugar a la penetración mágica, movimientos de lentos a rápidos, con respiraciones acordes, y momentos de inmovilidad genital externa son esenciales. En todo caso, siempre hay que prolongar la cópula, y cuando menos habría que demorarla más allá de la media hora. Las posturas serán parte del disfrute y encuentro mágico, los amantes mágicos, sabrán que la mejor postura es la de la mente, que comporta:

-Pasión

-entrega

-ternura

-atención a las necesidades del amado

-satisfacción propia y ajena

-sentimiento amoroso

-delicada actitud mental

-amor y «almor» (amor al alma)

Entonces el arte amatorio se convertirá también en arte «Almatorio».

Amar es también saber despedirse

Hay muchas maneras de despedirse: con enojo, con odio, con aceptación, o con agradecimiento. Incluso hay quienes ni siquiera se despiden, solo abandonan o huyen. Una mujer amor, es consciente que los vínculos se transforman, cambian, se terminan. Las personas con quienes establecemos vínculos amorosos, aparecen en nuestra vida para apoyarnos a crecer, muchas veces para amarnos, pero eso no significa que tengan necesariamente que quedarse, muchas al evolucionar, ellas o nosotras, tomamos otros caminos. Lo cual tampoco significa que no nos duela.

Mujer y... ¿Sexualmente reprimida?

Saber despedirse, es un acto amoroso, e implica atravesar las emociones que se experimentan en el proceso de duelo: Negación, ira, tristeza, negociación y finalmente la aceptación. Una mujer amor, vive su duelo y lo trasciende. Pues, cuando amas a alguien, lo amarás para toda la vida, una vez que pasas el duelo, de hecho vives el duelo porque lo amas, pero una vez aceptas la separación, y reconociendo todo lo que esa persona te apoyo para aprender de ti misma, puedes despedirte con un honesto y profundo GRACIAS.

Ejercicios para despedirse desde el amor

Reconoce tus sentimientos, permítete sentirlos, cualquiera que estos sean. Date tiempo para procesarlos, puedes apoyarte de algún psicoterapeuta, si notas que es muy difícil para ti.

Puedes escribir una carta (que no entregarás), expresando tus sentimientos de enojo, tristeza, culpa, resentimiento, etc. Al final de cada carta (pueden ser cuantas necesites, según la fase de duelo que estés atravesando), al final cierras escribiendo "en este momento, a partir de expresar mis sentimientos, descubro que gracias a ellos, yo estoy aprendiendo _____, estoy consciente que estos sentimientos pasarán, cuando hayan sanado; ahora te doy gracias por haber estado en mi vida, y me despido de ti, para recuperar con ello mi vida." Gracias, gracias, gracias.

Quema la carta, las mujeres hechiceras sugieren que sea con una vela morada que representa la transmutación y en algunas culturas el duelo. Dejas que las cenizas se vayan con el viento. Finalmente realiza una meditación que te conecte con tu corazón, como la que está en páginas anteriores u otra de tu elección.

CAPÍTULO V:
EL MUNDO DE LA CREACIÓN

Presencia.

Ella no viene sola, viene con sus animales, con los devas, con los seres de la naturaleza, con las sacerdotisas y los druidas, con el cáliz sagrado y la sabiduría divina.

A ella le gustan los árboles, la gusta la danza, abraza las aguas, le gusta su libertad.

- Isabella Magdala. Los misterios de lo femenino.

Todos los seres humanos somos seres creadores. Las mujeres poseemos la capacidad de reproducir, junto con los hombres, seres similares a nosotros. Este mundo de la creación, a pesar de ser el mundo de las posibilidades infinitas, es un mundo al que a las mujeres se les ha reducido a la procreación o reproducción humana, y al cuidado de los hijos. Las oportunidades para participar de los avances de la

Mujer y... ¿Sexualmente reprimida?

tecnología, crear un mundo equitativo, tomar decisiones que afectan a hombres y a mujeres, dentro de la política nacional e internacional; desarrollarse en todas las áreas de la vida humana; siguen siendo aún limitadas. Las mujeres aunque cada día se abren más espacios, lo cierto es que, los esfuerzos para ello son muchas veces titánicos, dependiendo de su contexto, social, comunitario, familiar y personal.

Para muchas mujeres, su identidad está fundamentada en su capacidad reproductiva, y para ellas puede ser una de las posibilidades para desarrollarse; sin embargo, no lo es para todas, ni para toda la vida. En un mundo donde la sobrepoblación es un problema, la reproducción humana está controlada, no por el gusto de las mujeres, pues cada país según sus necesidades y según la época, dictamina cuantos hijos (y de preferencia varones), debe tener cada mujer. Lo cierto es que no somos libres ni de elegir cuántos hijos queremos. Desde mi experiencia con diversos grupos de mujeres, llega la mujer que tuvo y deseo diez hijos, la que pensó o tiene tres, la que quiere o tiene uno y la que definitivamente no quiere tenerlos, pero en ninguno de los casos, las mujeres somos conscientes, en su mayoría, de si esa es una elección genuina o forma parte de creencias sociales o determinantes políticas, incluso económicas.

Cuando llegan a mi consultorio, mujeres que están indecisas si quieren tener hijos[96] o no, cuestiono si el deseo es para satisfacer alguna necesidad social, de pareja o es personal. Cuando van descubriendo que sus inquietudes se deben a presiones del exterior, o miedos inconscientes, finalmente

---

[96] Uso un lenguaje en masculino, porque es como se presentan en consulta, al menos desde mi experiencia no llegan dudando si quieren una hija. La preferencia del sexo, viene después, que en la actualidad sigue mayoritariamente, siendo por el varón.

encuentran en su interior su deseo o no de ser madres, primero hay que limpiar las expectativas de otros para llegar a lo que realmente se desea.

Los derechos reproductivos de mujeres y hombres, protegen este deseo; pues buscan proteger la libertad y autonomía de todas las personas para decidir con responsabilidad si tener hijos o no, cuántos, en qué momento y con quién. Los derechos reproductivos dan la capacidad a todas las personas de decidir y determinar su vida reproductiva. Los derechos reproductivos, al igual que los derechos humanos, son inalienables y no están sujetos a discriminación por género, edad o raza. Lo que significa que las mujeres pueden elegir si tienen 10 o más hijos, o ninguno. Y la sociedad tendría que brindar las condiciones para asegurar que ese derecho se respetara. Pero lo cierto es que se juzga y limita, tanto a la que quiere 10 o más, como a la que no desea ninguno.

Lo anterior solo en cuanto a la capacidad reproductiva, de este mundo de la creación. Pero si analizáramos que otras áreas de la creatividad se nos ha mutilado, con creencias limitantes, descubriríamos el por qué, este mundo está tan caótico, pues la energía creativa de las mujeres ha sido reducida a nada. Hasta este punto seguramente habrás descubierto, que tu identidad ha sido impuesta y que eres mucho más de lo que pensabas que eras; que tu placer ha sido ensuciado con tabús y que tienes la potencialidad para disfrutar de tu divinidad y sexualidad sagrada; que tu corazón ha tenido una coraza de cuentos, que puedes eliminar para abrirte y conectar con el amor mágico; y estás descubriendo cómo el mundo infinito de posibilidades se había reducido solo a tu etapa reproductiva y la gran posibilidad de crear, iluminar y transformar el mundo, que mujeres y hombres merecemos, cuando te reconoces como una diosa de la creación.

La creación universal

Los números asociados al universo son excepcionales. Su edad estimada al día de hoy es de 13,800 millones de años[97], tres veces más que la de nuestro planeta. Se trata de un sistema con una densidad extremadamente minúscula, 0,1 quintillones de veces más pequeña que la densidad del agua. En la actualidad se supone que el universo está construido por tres componentes básicos: la materia ordinaria «observable» es decir, los átomos y las moléculas que conocemos, que suponen apenas un 5% del total de masa de energía del universo, y las denominadas como materia y energía obscuras, que estarían presentes en el universo en un 27% y en un 68%, respectivamente, y de cuyas características, representan uno de los desafíos de la cosmología y de la astrofísica actuales.

Nuestra tierra es un planeta relativamente pequeño que orbita alrededor del sol, una modesta estrella que se ubica a unos 28,000 años luz, del centro de una galaxia espiral, que se piensa, podría albergar hasta 400,000 millones de estrellas y que se conoce con el nombre de la Vía Láctea; nombre que proviene de la mitología griega en la que el origen de la galaxia se atribuía a Hera: está, al darse cuenta de que Heracles (hijo ilegítimo de su esposo Zeus y de Alcmena, una mortal hija del rey Electrión de Micenas) trataba de mamar de su pecho con el fin de alcanzar la deidad, lo apartó con desdén, derramando la leche y formando la galaxia.

---

[97] Lallena, R. (2015), *El Big Bang y el origen del universo, La teoría más ambiciosa jamás pensada*, Madrid, España, EDITC. P. p. 8-12.

La Vía Láctea forma parte del denominado grupo local de galaxias. Una estructura compuesta por unas 100,000 galaxias que pertenecen, a su vez, al filamento de Piscis-Cetus, una estructura a gran escala de unos 1000 millones de años luz de largo y 150 millones de ancho, es compuesto por unos 60 supercúmulos. A 200 millones de años luz encontramos una gran Muralla, una superestructura de 150 millones de años luz de largo. Algo más alejada, a mil millones de años luz, se sitúa la gran muralla Sloan, otra superestructura de unos 1400 millones de años luz de longitud. Y aún más retirada a unos 10 millones de años luz aparece la gran muralla de Hércules-Corona Boreal. A estas estructuras hay que añadir los dos grandes grupos de quásares: Huge, de 4000 millones de años luz de dimensión transversal, y Clowes- Campusano, algo más pequeño, con un tamaño de 2000 millones de años luz, ambos situados a unos 10 millones de años luz de distancia.

Todo este inmenso sistema surgió, de acuerdo a lo que hoy día, establece la mejor de las teorías de que disponemos al respecto, el *Big Bang*, que la ciencia describe de la siguiente manera: "Antes de que el universo existiera, no había nada. No había tiempo ni espacio. El universo comenzó en un punto único. Este punto estaba rodeado por la nada. No tenía ancho ni profundidad ni largo. Contenía todo el espacio, y el tiempo y la materia. Este punto estalló en una explosión de fuerza inimaginable, expandiéndose a la velocidad de la luz. Finalmente, esta energía se enfrió y se convirtió en materia: estrellas, galaxias y planetas."[98]

Es fascinante *el mundo de la creación*, en mi búsqueda de conocimiento encontré una manera de mirar la creación,

---

[98] Berg, K., (2015), *Kabbalah para Mujeres, Dios usa lápiz labial*, Los Ángeles, CA., Estados Unidos, Kabbalah Centre International. p. 32.

Mujer y... ¿Sexualmente reprimida?

además de la mirada, científica. En 2011, inicie el encuentro a un área, hasta entonces desconocida para mí, la *espiritualidad*[99], y fue a partir de ahí que de manera consciente, fui descubriendo la sabiduría ancestral desde diversas fuentes; que me han facilitado la comprensión de mi propia espiritualidad. Una de ellas es la sabiduría ancestral llamada *Kabbalah*[100], y que en pocas palabras, es una sabiduría antigua que revela cómo el universo y la vida se entrelazan. En un nivel literal, la palabra Kabbalah significa "recibir": es el estudio de cómo recibir la plenitud en nuestras vidas. La manera en la cual, la kabbalah, explica la creación, es de igual manera simple, aunque al mismo tiempo, profunda.

"Antes del principio", en lo que la Kabbalah llama el Mundo Sin Fin, existían dos fuerzas que permitieron la Creación. Una de estas fuerzas se llama Luz, y es el deseo constante e infinito de compartir. La luz es toda bondad, es la energía del universo. La Luz es el poder infinito de dar, la energía infinita de transmitir. Todo lo que se te ocurra: si es bueno, es la luz.

Pero la Luz, que es todo dar, requiere del recibir, a esta otra energía del recibir, se le llama, en Kabbalah, *Alma original* o *vasija original*. Si la luz es un más, entonces la vasija es un menos, la segunda fuerza de la creación. Y fue creada con el propósito de recibir todos los placeres y bondades que la luz

---

[99] De manera simple podría coincidir con Karen Berg, cuando dice que la espiritualidad es "todo aquello que percibes más allá de tus sentidos –si no puedes verlo, saborearlo, olerlo, sentirlo o escucharlo- puedes considerarlo espiritual". Op. Cit. 22-23. Hablamos de espiritual cuando, hablamos de la energía emocional, la sexualidad sagrada y el amor mágico.

[100] La Kabbalah no es una religión ni una doctrina sino una sabiduría espiritual, que se remonta a la Antigua Babilonia hace unos cuatro mil años, sabiduría que transmite las leyes en el Universo, leyes espirituales. Este conocimiento había estado oculto, y era negado a las mujeres. Su interpretación en su mayoría es desde la mirada de los hombres que la ha ido transmitiendo, sin embargo, el que ahora las mujeres tengamos acceso, permite reinterpretar y sumar nuestra mirada. Y tomar, como en cualquier conocimiento, aquello que nos haga mejores seres humanos, mujeres libres y creadoras.

nos quería dar. La vasija es el efecto del deseo de compartir de la luz. La vasija simplemente desea todo aquello que se puede imaginar.

La armonía permaneció por algún tiempo, hasta que la vasija desarrolló un nuevo deseo, Dijo: ¿Sabes qué? No soy feliz sólo recibiendo, a lo que se llama "pan de la vergüenza"; necesito dar y compartir también. Pero la luz no puede recibir, y la vasija rechazó la luz, y la Luz se retiró, es decir, se restringió, hasta ser un único punto finito. Y se creó la obscuridad absoluta que la vasija no pudo soportar. Entonces la Luz regresó con toda su fuerza; pero la vasija no estaba lista, no había transformado su naturaleza, y se hizo pedazos, creando de esta manera todas las almas de la humanidad, así como también el tiempo, el espacio, el movimiento y el universo físico tal como lo conocemos hoy. En términos científicos el Big Bang.

La vasija es el alma consumada. Nuestro verdadero propósito en el mundo, es aprender a ser dadoras, a ser la Luz; aprender a compartir incondicionalmente es el propósito del reino físico y es la única manera, en la cual, podemos sentir la generosidad de la Luz. Aprender cómo compartir con otras personas, para así poder ser como la creación misma. La humanidad se creó, para unificar las dos energías, dar y recibir; y logramos esto con nuestras acciones.

Elección y creación

La creación es expansión, que nace de la unión o fusión y la separación. Nuestro origen es el éxtasis, la explosión cósmica orgásmica. Somos resultado del gran placer universal o la luz en otros términos, de la creación a nivel macrocósmico y del pequeño placer de nuestra madre y nuestro padre, a nivel microcósmico. Esta podría ser una invitación a vivir el éxtasis constante, si comprendiéramos que la Tierra es un regalo, un mundo de placeres, si asumimos que los placeres son la manifestación de la luz, que quiere ser recibida. Pero dado los resultados, hemos elegido otra creación y con ella otros resultados. Las mujeres podemos elegir algo distinto, podemos elegir la VIDA: energía primordial. La consciencia que evoluciona, se transforma, evoluciona, y empezar una nueva creación. Tú eliges.

LA PRIMERA CREACIÓN[101]

DÍA PRIMERO:

He aquí que homo vio la luz, tomó conciencia de sí mismo y apareció el orgullo. Y el *homo* dijo:

- Soy el rey de la creación. Toda la Tierra está a mi servicio. Yo soy quien decide y puedo someter a todas las demás especies inferiores porque soy inteligente y el amo de todo.

Y el orgullo se mezcló con la ignorancia y se inició la destrucción.

DÍA SEGUNDO:

Y el segundo día, *homo* observó el firmamento. Respiró el aire fresco de la atmósfera y admiro la belleza del cielo. Y dijo:

- Lanzaremos al aire los gases de las fábricas y los vientos los esparcirán. Ocuparemos el espacio y lo pondremos a nuestro servicio.

---

[101] La primera y segunda creación es un texto, que he adaptado del libro: Soler, J. Conangla, M. M., (2013). *Ecología Emocional*. España. Amat Editorial. P. p. 18-22.

Así fue como construyó aparatos que volaban y llenó el espacio de ondas, radiaciones, satélites artificiales y basuras que daban vueltas alrededor del planeta, atacaban la capa de ozono y envenenaban el aire. *Homo* probó el poder y le gustó.

DÍA TERCERO:

El tercer día, *homo* vio la belleza de la Tierra y se dio cuenta de sus riquezas. Y aparecieron el egoísmo y la avidez. Así es que dijo:

- Edificaré mis estancias en la Tierra. Reinaré sobre todo sus recursos y sacaré provecho de ellos.

Y *homo* edificó ciudades, carreteras y puentes, cortó árboles, quemó prados, destruyó selvas, perforó y aspiró la energía de sus entrañas y se enriqueció. Y para hacerlo, aprendió a matar, a estafar, a robar y hacer deshonesto y cruel. Y entonces aparecieron la ira y la envidia. Y el sufrimiento fue creciendo en el mundo.

DÍA CUARTO:

El día cuarto, *homo* se fijó en la belleza y la grandeza del mar. Y dijo:

- Lanzaremos nuestras basuras al mar para que no nos molesten. El mar es muy grande y no se quejará.

Apareció la inconsciencia. *Homo* hizo desembocar cloacas en el mar y lanzó en él los vertidos químicos de sus industrias. Derramó petróleo y todo tipo de tóxicos. Y fue así como las plantas y los animales acuáticos empezaron a morir, y el mar a perder su color en una lucha titánica para regenerarse y no morir.

DÍA QUINTO:

El día quinto, *homo* vio que había muchos animales viviendo en el planeta, animales libres y nobles que jugaban bajo el sol y corrían por los prados. *Homo* dijo:

- Capturaremos a estos animales y los pondremos en jaulas para divertirnos y experimentar con ellos.

Así lo hizo. Y aparecieron la prepotencia y la crueldad. Muchas especies se extinguieron y otras se volvieron locas.

DÍA SEXTO:

El sexto día, *homo* vio a otros seres homo de todas las razas, costumbres y lenguas. Y apareció el miedo a la diferencia, que unido a la ignorancia, generó celos y odio. Y *homo* dijo:

- Construiremos armas poderosas para defendernos y destruir a los demás antes de que ellos nos destruyan a nosotros.

Entonces *homo* creó armas de destrucción masiva que mataron hombres, animales y plantas y erradicaron la vida de la Tierra.

DÍA SÉPTIMO:

Y sucedió que al séptimo día *homo* descanso del trabajo hecho, y la Tierra quedó tranquila porque *homo* ya no la habitaba al haberse destruido a sí mismo. Y fue así que la VIDA volvió a tener una oportunidad.

LA SEGUNDA CREACIÓN

DÍA PRIMERO:

He ahí que *homo* vio la luz, tomó conciencia de sí misma y apareció la humildad:

- Soy una más de los habitantes de este planeta. Este espacio no es mío, sólo soy una inquilina provisional. Toda vida es importante y todos nos necesitamos para sobrevivir.

Y la humildad se mezcló con la curiosidad y la responsabilidad y *homo* inició la creación.

DÍA SEGUNDO:

Y el segundo día *homo* observó el firmamento. Respiró el aire fresco y la atmósfera y admiró la belleza del cielo. Y dijo:

- Debemos cuidar este aire tan limpio porque de él depende la vida de todos. Es importante cuidar este firmamento, los astros que iluminan la noche y la atmósfera que nos protege de las radiaciones.

Así fue como *homo* evitó la contaminación por gases o ruidos. Legisló para proteger este medio y educó para el consumo equilibrado y responsable. Entonces apareció el respeto y la alegría.

DÍA TERCERO:

El tercer día, *homo* vio la belleza de la Tierra y se dio cuenta de sus riquezas. Así es que dijo:

- Edificaré con cuidado mis estancias en la Tierra. Intentaré construir viviendas ecológicas que se alimenten de

Mujer y... ¿Sexualmente reprimida?

energía limpia. Respetaré la naturaleza e intentaré que mi paso no suponga destrucción. Recibiré con agradecimiento y placer los dones de la madre Tierra y los repartiré con equidad.

Y así fue como aparecieron la prudencia, la generosidad y la solidaridad entre los humanos y el resto de los seres vivos.

DÍA CUARTO:

El día cuarto, *homo* se fijó en la belleza y la grandeza del mar. Y dijo:

- Tendremos un cuidado especial de estos parajes. Gestionaremos nuestros desperdicios de forma que no ensucien las aguas. Utilizaremos con sensatez los recursos del mar para nutrirnos y evitaremos su explotación desenfrenada.

Y apareció el equilibrio, *homo* vio que aquello era bueno.

DÍA QUINTO:

El día quinto, *homo* vio que había muchos animales viviendo en el planeta, animales libres y nobles que jugaban bajo el sol y correrían por los prados. Y *homo* dijo:

- Crearemos amplios espacios protegidos donde todas las especies se encuentren su lugar en libertad. Haremos un uso noble de los recursos que nos dan para nutrirnos y para la investigación.

Y entonces aparecieron la compasión y la convivencia pacífica entre las especies. Y *homo* vio que esto era bueno.

DÍA SEXTO:

El sexto día, homo vio otros seres *homo* de todas las razas, costumbres y lenguas, vio a su similar hombre. Y apareció la atracción de aprender y compartir con los demás, de relacionarse y de crecer en confianza. Y dijo:

- Conviviremos juntos en paz y nos ayudaremos a crecer respetando la manera que le sea propia a cada uno.

Y así fue como nacieron la amistad, la ternura y el amor.

DÍA SÉPTIMO:

He aquí que el séptimo día *homo* descansó del trabajo hecho... Y la Tierra quedó tranquila porque *homo* había hallado la armonía en su interior con los demás y con la naturaleza. El ser humano entraba en una etapa de humanización creativa. Y así fue como la vida dio un gigantesco paso hacia adelante.

Escribe tu reflexión, elección y las emociones que surgen después de haber leído las dos creaciones.

_____
_____
_____
_____
_____
_____
_____

La mujer creación, elige desde su corazón, es intuitiva, todo su cuerpo se abre a la experiencia y se inclina de acuerdo a su ser integral, confía en su sabiduría interna, asumiendo los riesgos que implica cualquier elección. Su razonamiento está al servicio de su corazón y actúan de forma coherente.

Con tus emociones creas

Mujeres y hombres, estamos vibrando todo el tiempo, vibramos con nuestros pensamientos, y vibramos con nuestros estados emocionales. El pensar lo podemos evitar, por ejemplo, cuando meditamos o dormimos, pero siempre mantenemos estados emocionales diversos, aún en la absoluta relajación. Este estado emocional, crea una *radiación psicoafectiva*[102], término utilizado por Xabier Lizarraga, y se refiere a la capacidad que tienen nuestras *neuronas espejos*, que se encuentran en los lóbulos frontales, producto probablemente de nuestra evolución; las cuales nos permiten aprehender una acción que observamos haciendo que la simulemos en el cerebro. Tenemos un conocimiento *interior* de lo que el otro está haciendo. Este sistema de neuronas espejos, explica cómo opera la empatía. Sin embargo, Lizarraga, va más allá, cuando señala que:

Las "Neuronas espejo juegan un determinante papel en la "radiación psicoafectiva" que se propone; gracias a la cual parece poder respirarse y palpar un ambiente emocional cuando se llega a un lugar...: el individuo que llega se impregna de reacciones, miradas y expresiones gestuales de aquellos que en ese momento son también componentes del entorno y ese ambiente emocional lo puede atraer, seducir, resultarle indiferente o provocarle rechazo:"[103]

---

[102] Lizarraga, X. (2016), *El Comportamiento a través de Alicia, Propuesta teórico-metodológica de la Antropología del Comportamiento*, México, D. F., México, Instituto Nacional de Antropología e Historia. p. 307.
[103] Idem, p. 308.

Y propone a la *radiación psicoafectiva*, como un "espejo" que recoge-refleja-refracta-proyecta dos abanicos emocionales expansivos, uno ambientando el entorno y el otro ambientando al individuo. Afectamos a los otros, y los otros nos afectan; nos vivimos en un mundo de espejos, en los cuales, las imágenes producidas y proyectadas se interconectan; somos seres conectados, lo queramos o no, a los ambientes emocionales que nos crean y a los que creamos.

Lo extraordinario de esto es que, al ser consciente de ti, tus emociones, sentires y acciones en el mundo de espejos, puedes transformarlo, direccionar y tomar acciones que impacten el campo emocional. Quienes nos dedicamos al trabajo grupal sabemos lo importante que es sentir los espacios físicos y emocionales, antes y durante el trabajo grupal, y adaptamos dicho ambiente en función de los objetivos y dinámica que queremos crear con el grupo.

La mujer creación, al tomar consciencia de sus emociones, se pregunta, si esas emociones vienen de su interior, son producto del ambiente en el que se encuentra, o una mezcla de ambas; cambia su estado emocional, haciéndose cargo de su creación. Una mujer creación deja de ser víctima de sus emociones, y las toma de forma responsable, pues sabe que todo, absolutamente todo en su entorno es modificable si ella, así lo elige. Lo contrario, es cuando por ejemplo, decimos: "en esa casa les caigo mal", "siento mala vibra", "seguramente me envidian", "mi pareja está molesto conmigo"; y no haces nada por cambiarlo, sólo te victimizas. La mujer creación se hace cargo de su vida, sus emociones y sus creaciones. No es víctima de nada ni de nadie, ni siquiera de sí misma. La mujer creación es Luz por eso da y también es la vasija, por eso también sabe pedir y recibir.

Mujer y... ¿Sexualmente reprimida?

Soy una mujer creadora, responsable y libre

Responsabilidad significa capacidad de responder, de dar cuenta de nuestros actos. Responsabilidad es la toma de consciencia de nuestras creaciones, sin juicio. Cuando aceptas que eres la creadora de tu vida, el mundo cambia, cambia tu perspectiva y te empoderas. En definitiva somos responsables de la persona que hemos hecho de nosotras mismas. Como señalaba Aristóteles, llegamos a ser lo que somos como personas mediante las decisiones que tomamos. La filósofa inglesa Mary Midgley señala que "el argumento más excelente y central del existencialismo es la aceptación de responsabilidad por ser lo que hemos hecho de nosotros mismos"[104]. La primera responsabilidad que tenemos es la de sabernos quienes somos y en quien nos queremos crear, por eso el primer mundo de este libro es el *mundo del yo soy*.

Se cuenta que una mujer agonizante se vio llevada, de repente, ante un tribunal celestial.

- ¿Quién eres? - Le preguntó una voz.

- Soy la mujer del alcalde -repuso ella.

-Te he preguntado quién eres y no con quién estás casada.

- Soy la madre de 4 hijos.

-Te he preguntado quién eres y no cuántos hijos tienes.

- Soy maestra de escuela.

-Te he preguntado quién eres y no cuál es tu profesión.

-Soy cristiana

-He preguntado quién eres y no tu religión.

---

[104] Bennett, William J. (1998) *El libro de las virtudes*. Ediciones B Argentina. Buenos Aires, Argentina.

—Soy una persona que iba todos los días a la iglesia y ayudaba a los pobres.

—Te he preguntado quién eres y no lo que hacías.

Tú responsabilidad es SER. No ser un personaje determinado, ni ser «alguien» sino sencillamente Ser.

Y eres cuando creas, eres tus creaciones, eres los mundos que te rodean, y todo lo que te rodea da cuenta de quién eres.

Sin embargo, si aún consideras, que la persona que eres y tus resultado, son porque hay circunstancias que los determinan, crees que has tenido buena o mala suerte, o en general tienes la creencia de que algunas situaciones están fuera de tu control, entonces tu percepción es lo que algunos teóricos han llamado *locus de control externo*. Las personas que creen que los eventos de su vida, incluyendo sus logros o fracasos, son resultado de circunstancias como el destino, la suerte u otros factores que ellas no pueden controlar, que suceden independientemente de sus actos tienen un *locus de control externo* y en coaching las conocemos como personas del tipo *"víctimas*[105]*"*, y no porque las etiquetemos así, sino porque se han creado así, a partir de sus pensamientos se convencen de que todo en su vida "les pasa", el estado emocional, con el que operan es la culpa, culpan y se culpan, creando un círculo

---

[105] La palabra que viene del latín víctima hace referencia al ser vivo (persona o animal) destinado al sacrificio. Sin embargo, con el paso del tiempo este término se ha transgiversado y se le ha dado un sentido más general, haciendo referencia al individuo que ha sufrido las consecuencias de un daño perjuicio, quedando afectado, bien sea física o emocionalmente. Es importante aclarar, que este término lo utilizo, de forma muy distinta a como es y debe manejarse en el ámbito penal. Término, que incluso en esa área, se sigue revisando. Ver: https://archivos.juridicas.unam.mx/www/bjv/libros/7/3104/13.pdf Pero entendamos que es un ámbito completamente distinto al que aquí revisamos, el cual es sobre vivencia y percepción de la propia persona, y que no justifica de ninguna manera las acciones de quien daña y afecta a otro ser humano.

Mujer y... ¿Sexualmente reprimida?

de energía debilitante, agresivo de tipo pasivo o reactivo, que destruye. La persona "víctima" es la antítesis de la creación.

Y se viven como "víctimas", porque es la única manera de lograr lo que quieren, a un precio muy alto; todas las personas en algún momento nos hemos sentido víctimas de las circunstancias, y lo que más deseamos en esos momentos, es: sentirnos seguras, sentirnos amadas, acompañadas, reconocidas, validadas, aceptadas, queremos recuperar nuestro poder y control. Y muchas veces lo logramos, por eso decimos que obtenemos *recompensas secretas* o inconscientes, que van reforzando esas conductas y redes neuronales en nuestro cerebro, complicadas de desinstalar. Se hacen hábitos de pensamientos, emociones, y conductas que siguen creado el mismo mundo y estados de ánimo debilitantes.

Pero afortunadamente, también hemos experimentado "el otro lado de la moneda", la otra forma de percibir y crear nuestro mundo, operando desde la mujer responsable. Si percibes, piensas y sientes que tus logros dependen de ti, probablemente tengas la creencia de que tú tienes el control de tu vida, y que todo lo que hay en tu vida es resultado de tu propia conducta, si es así, seguramente te involucras en tus metas y asumes la *responsabilidad* para conseguir lo que quieres. A eso le llaman *locus de control interno*.

Las mujeres responsables son personas que se hacen cargo de sí mismas y su conducta, que son dueñas de sus actos y dan cuenta de ellos, es decir, responden. Los seres responsables no "esperan" a que sus derechos sean respetados, simplemente viven sus derechos, porque se saben dignos y merecedores de ellos para satisfacer sus necesidades e intereses, incluyendo los vinculados a sus derechos sexuales y reproductivos, al mismo tiempo, asumen los resultados de sus conductas sexuales.

Cuando requieren sentirse amadas, crean el amor, como ya lo hemos revisado y de mil maneras más, no buscan ser validadas, ni valoradas porque se saben, dignas y valiosas, no buscan el reconocimiento, este llega solo, pues las mujeres responsables, inspiran a más personas; no buscan compañía para huir de su soledad, crean vínculos afectivos y amorosos, para crecer y contribuir de manera acompañada; la compañía es consecuencia. No buscan el poder, porque el poder vive en ellas desde el momento en que son conscientes de que todo es su creación y dejan de culparse y culpar a otras personas, su poder lo obtiene de su honestidad y si algo no funciona de la mejor manera, aprenden y avanzan. No buscan controlar porque son mujeres creadoras, responsables y libres.

<u>Ejercicio</u>

¿En qué situaciones te has vivido como "víctima"?

_____

_____

_____

_____

¿En qué situaciones te has hecho cargo responsablemente, asumiendo las circunstancias, sin culpar a nada ni a nadie?

_____

_____

_____

_____

Mujer y... ¿Sexualmente reprimida?

¿Cómo sería tu vida si creyeras que siempre tienes el control en tus manos?

_____
_____
_____

¿Qué lograrías si te hicieras cargo de tu vida?

_____
_____
_____

¿Qué harás hoy para empezar a tomar tu vida en tus manos y lograr eso que deseas?

_____
_____
_____

Comienza con algo muy pequeño que lo difícil sería no realizarlo: una llamada, una palabra, un correo, una búsqueda, escribir el deseo, hacer un plan, saludar a alguien, poner música, solo una cosa a la vez, pero ¡hazlo!

Solo hasta entonces, serás libre, libre para decidir, libre para actuar, libre para elegir, libre para crear.

Intención y creación

Toda creación inicia en el mundo de las posibilidades, y toda posibilidad es una intención. Las intenciones son, según el Dr. Dyer[106], *un firme propósito, una energía y fuerza en el universo que nos permite llevar a cabo el acto de crear;* para Chopra[107], *la intención es la base de la creación;* es una forma de satisfacer tus necesidades y sentirte feliz y realizado, pues *"eres lo que tu deseo más profundo es. Como es tu deseo, es tu intención. Como es tu intención, es tu voluntad. Como es tu voluntad, son tus actos. Como son tus actos, es tu destino".* Si a tu intención le sumas un mecanismo, una acción dirigida conscientemente o no, al logro de un objetivo específico, tu resultado muy probablemente será lo que tú esperabas.

Edmund Husserl consideraba, que la intencionalidad[108] crea mundos posibles más allá de la lógica, pues apunta a objetos (materiales, personas, uno mismo, sentimientos, emociones, relaciones, ambientales, valores, derechos, etc.), presentes para la conciencia, para un ser que trasciende y que ve esencias y no accidentes de los objetos. Las intenciones van tomando forma en cada ser humano, en sus motivaciones, emociones, intereses, creencias, pensamientos, valores, actitudes, y en la elección de sus mecanismos y comportamientos; antes de llegar a obtener el resultado, que es la fuente de la intención.

La fuente e intención de la Luz, de tu ser y de la consciencia universal, es la **dignidad humana**, la cual es

---

[106] Dyer, W. (2005). *El poder de la intención.* Nuevas Ediciones de Bolsillo. México. P. 17.
[107] Chopra D. (2006). *Sincrodestino.* Editorial Santillana. México. P. 71.
[108] Citado por: Córdoba, Mario C. en:
http://www.monografias.com/trabajos23/intencionalidad/intencionalidad.shtml#ixzz2Yidnu H2g

Mujer y... ¿Sexualmente reprimida?

posible a través de la eticidad, es decir, la realización de valores, a través de los actos que llevamos a cabo mujeres y hombres de manera responsable y consciente. Dicho de otra manera, una mujer que realiza valores y es una mujer digna, es un ser con conciencia responsable, es una mujer que se reconoce libre en pensamiento y acción, se sabe a sí misma universal al reconocerse y mirarse en un *nosotros*, toma su lugar en el mundo porque se sabe el mundo, y se observa en todos sus espejos. Esta conciencia es la comprensión de valores desde una ética, que nos conecta de manera intuitiva, con la intención creadora que engloba a la dignidad humana. Las *mujeres dignidad*, no sólo somos mujeres con la potencialidad de reproducir y dar vida a seres similares a nosotras, somos creadoras del mundo cuando nos damos vida a nosotras mismas, cuando renacemos, nos transformamos y nos creamos. Somos el medio y el fin de toda creación.

Imaginar lo inimaginable

En *A través del espejo*, la Reina Blanca le propone a Alicia que intente creer algo imposible - que supone "imaginar lo inimaginable" o "pensar lo impensable"-; la niña se echa a reír y, haciendo ostentación de una serena objetividad, contesta categórica: "Es inútil que lo intente [...] los imposibles no se pueden creer".[109] Durante un momento, la Reina parece desconcentrada, pero no se sorprende demasiado: se da cuenta de que Alicia, más que capacidad, le falta práctica (y tal vez audacia); la Reina sabe que todo mundo puede imaginar lo inimaginable y, en consecuencia, creer cosas imposibles: ella misma, desde niña, está acostumbrada a hacer tales cosas hasta 6 veces antes del desayuno - según le informa Alicia.

---

[109] Fragmento tomado del libro: Lizarraga, X. op. Cit. 65.

La intención es pura energía de vida, ni buena ni mala, solo energía y consciencia pura de ser en el mundo, para manifestarse. Tú eres la antena por medio de la cual, esa energía se manifiesta creando la realidad en este mundo. La forma que eres es la forma que tomará esa energía, y tú eres tu cuerpo, tus emociones, tus pensamientos, tus palabras, tus acciones, tus resultados, eres la intención de la Luz hecha creación humana, hecha mujer.

La imaginación es un artefacto de la intención para manifestarse, tu imaginación es quien logra la magia de la creación. Por eso es tan importante, lo que imaginas. La mujer creación requiere de su ser niña, regresar a la niña que fue y sigue en su corazón. ¿Para qué? Para liberarte de los condicionamientos, miedos, juicios, y creencias que como adulta tienes. Las niñas son aventureras, les gusta explorar, imaginar, por eso juegan, y tienen mundos inimaginables. Los adultos somos quienes vamos reprimiendo esa capacidad. Para recuperar la imaginación:

- Date el permiso y el tiempo para imaginar mundos imposibles.
- Estimula tu energía erótica con fantasías y libera tu mente sexual.
- Evita mensajes de los medios digitales o electrónicos que lleven tu mente a lo que no deseas, llénala de lo que si quieres.
- Ve creando el hábito de la imaginación, y atrae lo que piensas.
- Cuídate de tus pensamientos indeseables, porque estos también se manifiestan.

Mujer y... ¿Sexualmente reprimida?

- Recuerda que tus pensamientos son como imanes, pues cada pensamiento va asociado a una emoción, y las emociones crean con su energía tu realidad.
- Si la imaginación está anexada a emociones poderosas e intensas de alta frecuencia, eso agiliza la creación.
- Tienes alrededor de 60,000 pensamientos diarios, las mujeres muchos más que los hombres, ocupa tu poder para elegir los pensamientos que darán origen a tu creación elegida conscientemente.
- Se dueña de tus pensamientos y no víctima de ellos.
- Realiza meditaciones en las que imagines el mundo que deseas.
- Las imágenes no son solo imágenes o pensamientos de tus deseos, son órdenes cósmicas.
- Imagina, piensa, haz y crea.

Entra al campo unificado

Hay una dimensión aún más poderosa para crear la realidad, es un espacio que las mujeres de la antigüedad conocían y manejaba, el *campo cuántico o campo unificado*[110]. El campo cuántico es el campo de energía que nos rodea y nos envuelve y mediante el cual se compone nuestra realidad. Está creado y sostenido por la energía universal, a través de la cual toman forma nuestros pensamientos y sentimientos manifestándose estos en nuestro diario vivir.

---

[110] Es un concepto de la teoría cuántica, la cual, es una teoría física basada en la utilización del concepto de unidad cuántica para describir las propiedades dinámicas de las partículas subatómicas y las interacciones entre la materia y la radiación.

203

Las mujeres creación, creaban magia porque tenían la facultad de conectar la tierra con el cielo, eran las brujas, las hechiceras, las sanadoras, pero el cristianismo en la época de la Santa Inquisición, las condenó y a muchas las quemó vivas, intentando con ello acabar también con su sabiduría y su magia. En el Nuevo Continente, cuando llegaron los conquistadores, impusieron sus creencias, castigaban, torturaban, y asesinaban a quienes tenían creencias y rituales originarios de esos pueblos a los que conquistaban, por eso muchas mujeres aún guardamos memorias de dolor en nuestro ADN, en nuestra consciencia colectiva femenina. Si además, añadimos que se ha impuesto, el pensamiento lógico-racional, por encima de la inteligencia emocional, intuitiva y espiritual; las mujeres hemos tenido que emular, el mismo sistema; alejándonos de nuestra sabiduría interna y capacidad creadora.

Llegó el momento de liberar a la mujer creación, mujer sanadora, hechicera, a la mujer naturaleza, mujer divina, a la mujer que mira la luna conectada con su cuerpo y se sabe parte de lo mismo, del cosmos. La mujer que con su danza y sus rituales, representa la creación universal, la recrea una y otra vez, porque tiene la facultad de las diosas sensibles. Que nada ni nadie te diga que eso no vale o que tienes que comprobar o dar miles de explicaciones para que se validen tus ideas, deseos, imágenes, intuiciones.

Como mujer reprimida, yo buscaba la validación de un mundo masculino, con reglas muy distintas a las que mi naturaleza me indicaba, admiraba a los hombres no como mis compañeros de vida, sino como ejemplos inalcanzables; sin darme cuenta, buscaba en los ámbitos equivocados, hasta que empecé a ver a las mujeres, a valorarlas, a descubrir sus talentos, y me descubrí yo. Ahora honro a los hombres que me

Mujer y... ¿Sexualmente reprimida?

enseñaron a reconocer mi parte masculina, pues soy una mujer íntegra, pero al recuperarme yo, no solo puede mejorar y engrandecer mi mundo con las mujeres, sino que más hombres llegan a mi vida de manera afectuosa, intercambiando, puntos de vista, en la que nos retroalimentamos; pude recuperar a mi padre y ser su hija amada, he podido ver al hombre que mi hijo es y apoyarlo para que se vea, a mis amigos varones ponerles límites amorosos y a mi compañero agradecerle su presencia en mi vida.

La mujer creación, crea en el campo cuántico, cuando se desplaza más allá de su cuerpo, cuando practica la sexualidad sagrada con o sin pareja, cuando medita, cuando danza, cuando practica rituales, cuando contempla la naturaleza, cuando confía; mi madre tiene una frase que ahora comprendo, "la fe mueve montañas", y ella crea desde eso que llama fe, hay muchas maneras de entrar a ese espacio cuántico, de hecho estamos en él de manera inconsciente, solo que desconectadas.

Los científicos, han descubierto que cuando el cerebro se encuentra en coherencia con el corazón y elevan sus ondas cerebrales de estados de alerta o vigilia y entran a estados de supraconsciencia[111], se puede conectar a ese espacio cuántico, las imágenes de resonancia magnética cerebral, muestran la actividad cerebral unificada, muy diferente a los estados alterados por el estrés. Los dos hemisferios cerebrales se conectan exponencialmente con el cuerpo calloso, de manera armoniosa, tanto en hombres como en mujeres; recordemos que tradicionalmente los hombres ocupan más su hemisferio izquierdo, en el que se realizan las funciones del razonamiento, el lenguaje hablado, escrito, las habilidades numéricas y

---

[111] Este es un término que utiliza Joe Dispenza, ver los estudios del campo cuántico en: Dispenza, J. Op. Cit.

científicas; las mujeres utilizamos más el hemisferio derecho vinculadas a la intuición, la imaginación, el sentido artístico, musical, la inspiración. Que ocupemos o desarrollemos más uno de los dos hemisferios, no significa que no podamos ponerlos a funcionar. Cuando entramos en el campo cuántico, nuestro sistema se desconecta del cuerpo, lo trasciende y se mantiene activando toda su capacidad neuronal.

Crear desde el origen

Ejercicio de conexión[112]

Gaia

Fuente de la vida

Es un tiempo de plenitud y abundancia.

Gaia, la madre universal, es conocida como Gea en la mitología griega. Existió antes que todo el universo y es la fuente creadora de la vida, la materia, la naturaleza y las divinidades. Ella es el principio primigenio en la luz y la oscuridad. Es el espejo matriz de toda la naturaleza sobre el universo: montañas de destellos y preciosos colores, coronadas de nieves eternas, selvas vírgenes, ríos tormentosos, corrientes de agua, cascadas luminosas, océanos profundos, ríos y afluentes por doquier, animales y aves, insectos y reptiles, todo el reino vegetal con sus múltiples matices y coloridos. Algunas palabras clave relacionadas con Gaia son **fecundidad, sustentó, expansión, interconexión, videncia, abundancia.**

Los antiguos griegos honraban la tierra en nombre de Gaia. Las montañas y los cerros y las colinas eran sus pechos; los campos, su cuerpo, del cual emerge toda vida. Ella es la

---

[112] Adaptación del texto de Gaia, Ver: Selowsky S. op- cit. 75-85.

inteligencia colectiva, la entidad espiritual y materia de nuestro planeta.

Es también el arquetipo del eterno retorno, de la llegada a puerto que alude al encuentro con una misma. Estas fuerzas íntimas del ser que trasciende lo individual y forman parte del inconsciente colectivo.

El arquitecto de la polaridad creación-destrucción tiene sus raíces en el ciclo menstrual de la mujer. Dos períodos cumbres marcan el acontecimiento: la ovulación y la menstruación. Durante la ovulación la mujer está en su momento más fértil. Un flujo blanco, que los antiguos llamaron el río de la vida, indica el principio de la ovulación. El otro punto culminante llega con la menstruación: el revestimiento interior del vientre produce un flujo de sangre que los antiguos llamaban el río de la muerte.

En algunas culturas se reconoce esta experiencia como la máxima fuerza femenina, de días de poder, intensidad y logros, con rituales y ceremonias; para otras mujeres estos días son los de contacto profundo con su mundo uterino, con su divinidad interior, con su sabiduría propia y original, con la soledad de la naturaleza. Se han asentado encuentros y ritos esenciales que potencian esta sabiduría.

Los símbolos más antiguos de las representaciones femeninas vinculan a la gran diosa Madre Tierra con su poder de fertilidad y de dar a luz por medio de grandes pechos y su vientre abultado. Esto, a su vez, indica un rasgo central de la iniciación y de la transformación hacia la germinación.

Conectar con este arquetipo femenino, con esta energía originaria, nos permite conectar con nuestra capacidad creadora, con el *mundo de la creación*, y liberar a la mujer reprimida que llegó a pensar que era solo en función de sus hijos, se tragó el cuento más romántico y lamentable, pues la mujer creación, sabe que todos son sus hijos, desconoce fronteras; para la mujer creación, todos somos uno y se ocupa de asegurar que todos estemos compartiendo este mundo. Se ocupa de sí misma, pues comparte la creación con otras mujeres, reconociéndose en ellas.

Gaia alude a tu propia universalidad, a tus múltiples potencialidades, a tu creatividad en todo orden de cosas, a tu conexión íntima y original con el mundo, tanto interno como externo, a tu armonía total e integración de todos sus caminos, a un viaje profundo y esencial, ya sea psíquico o espiritual, o también concreto, de traslado hacia un lugar que anhelas encontrar y cuya naturaleza necesitas ver. Esta energía es una revelación de todas tus posibilidades, de tu capacidad de transformación, completitud e iluminación, un despertar absoluto a una conciencia más elevada y profunda. Habla de momentos de creación de plenitud, de totalidad. De silencio interior y sanación integral. Tiempos que hay que disfrutar, reconocer y que van más allá de la vida cotidiana.

Para que se manifieste la energía dorada del amor, la opulencia y la prosperidad de Gaia se necesita la conexión y la confianza en sus dones y bendiciones. Ella crea la riqueza en todo orden de cosas, si bien es el ser humano el que se encarga de distribuirla, de que circula entre la humanidad.

Existe un movimiento llamado "La conciencia de Gaia: la sabiduría ecológica" para la renovación de la vida en el planeta. Nació alrededor de la década de 1970 y tiene una conexión profunda y significativa con la visión holística de la salvación de la Tierra: el planeta se observa como un ser vivo que debe

Mujer y... ¿Sexualmente reprimida?

ser visto en su intensidad vital. Todos los proyectos que benefician a la Tierra y quienes habitamos nos conectan con esta esencia originaria. Puedes buscar cómo apoyar algún proyecto o simplemente informarte.

Visualización

Prepara el ambiente con música, puede ser de agua o tamborileo suave, de sonidos de la naturaleza, coloca aromas de flores y frutas, también puedes acudir a un lugar abierto en contacto con la naturaleza. Realiza una relajación y ve llevando tu energía por medio de tu imaginación, hacia las montañas, los campos y parajes con vegetación, especies naturales y frutales con arbustos flores, visualizando con colores intensos, bellos y maravillosos...

Por un camino descendente se llega a una cueva protegida del mar y cercana a él, imagina una gran roca en la cual, te sientas. Los sonidos de las olas te llegan suavemente. Ahí estiras las manos, efectuando movimientos hacia lo alto, llamando a los elementos, de la naturaleza, los invocas.

Luego permaneces en la roca, escuchando y gozando el ruido de las aguas. De pronto aparece cerca de ti una figura relajada, a la vez que majestuosa, vestida de túnica, para ofrecerte un obsequio que puede consistir en una palabra, una mirada, una energía. Disfrutas el instante y luego comienzas a deshacer lo andado hasta llegar al lugar en que iniciaste, mientras tomas el tiempo necesario para regresar, a tu ritmo. Bendiciones sean contigo.

Repite la siguiente frase cada que quieras crear algo, iniciar un proyecto o simplemente entrar a tu espacio de creación:

"El mundo está en mis manos: recupero la tierra y la naturaleza, me recupero a mí misma."

CAPÍTULO VI:

COACHING SEXUAL MX

"El cuerpo físico es el medio para expresar la risa, la danza, el abrazo, la magia, de caminar, correr, ver, oler... El cuerpo físico es una joya, un regalo perfecto, es el recipiente de la revelación de los secretos de la vida."

- Guillermo Ferrara. Rediseña tu vida.

El concepto de *sexualidad* aparece en el siglo XIX a partir de las preocupaciones en torno a la sobrepoblación, disfunciones sexuales, "enfermedades venéreas", ahora acertadamente llamadas, *Infecciones de Transmisión Sexual*[113] y algunas "perversiones" sexuales como se nombraba a las *manifestaciones eróticas*. A finales del siglo XIX y principios del siglo XX los trabajos de investigación de Havelock Ellis,

---

[113] En sexología se ha avanzado, para utilizar las palabras que describan cada uno de los elementos de estudio, evitando las cargas estigmatizantes y valorativas, que los anteriores términos hacían. Recordemos la importancia que tiene la palabra para la construcción de la realidad.

Sigmund Freud, e Iwan Bloch establecieron las bases de la sexología moderna. El estudio de este fenómeno, llamado sexualidad, nos ha llevado a concluir que es un aspecto inherente al ser humano, sin embargo, por la herencia de creencias y actitudes culturales, se ha convertido en una fuente de angustias, culpas y conflictos para muchas mujeres y hombres, que en consecuencia viven su sexualidad de forma limitada, como hemos visto revisado en los capítulos anteriores. Retomando a *Juan Luis Álvarez-Gayou:*[114]*"La sexualidad es un aspecto inherente al ser humano, para algunos es una fuente de placer y aceptación, para otros, la mayoría, origina problemas y conflictos de diversa índole. Casi todos los seres humanos viven y actúan sin un conocimiento real de su sexualidad y la de los demás, lo que conlleva una afectación en la vida individual y social."*

Desde la década del 60, con el desarrollo de la sexología como ciencia, se fueron implementando algunos "tratamientos" asesorados por una persona formada en terapias sexuales como guía. Las asesorías y prescripciones se daban en el marco del consultorio para que las parejas las realizaran en la intimidad.

Posteriormente, en el contexto de la "liberación sexual" en California, aparecieron los primeros grupos de trabajo en expresiones eróticas. Consistían en reuniones de varias parejas a quienes se les indicaba ejercicios para realizar en la intimidad, para luego comentar con el terapeuta y el resto de los participantes. Algunos terapeutas más audaces se animaron a las sesiones grupales. Incluyeron diferentes técnicas de

---

[114] Álvarez Gayou, Juan Luis, es uno de los sexólogos mexicanos más importantes y con gran influencia en el campo de la investigación sexológica a nivel mundial, fundador del Instituto Mexicano de Sexología autor de varios libros entre ellos: Sexoterapia Integral. Manual Moderno. México

Mujer y... ¿Sexualmente reprimida?

relajación, contactos corporales entre todos, uso de cremas y alimentos para embadurnarse, estímulos musicales y olfatorios.[115]

En México, las intervenciones son llevadas a cabo por sexólogos y educadores en sexualidad, que muchos de ellos y ellas, se enfocan en el campo de los problemas sexuales como disfunciones sexuales, discordancia genérica o sexo discordante, conductas sexualmente obsesivas e infecciones de transmisión sexual; o en el caso específico de los educadores en sexualidad como su nombre lo dice, en el área educativa.

Paralelamente al desarrollo de la ciencia médica y a la evolución del estudio del comportamiento humano, se generan avances en el campo del placer, el incremento del potencial erótico, la política sexo-erótica que amplía las posibilidades de vivir aspectos del género-afectivos desde la diversidad y más recientemente, con la globalización y el intercambio de otras creencias distintas a la occidental, la sexualidad sagrada vista desde el Tantra. La sexología avanza y no solo se enfoca al estudio de los problemas sexuales, sino que amplía sus horizontes a la luz de modelos teóricos integrales de este aspecto tan importantes de mujeres y hombres. Como lo sugiere David Barrios "Estamos en la ocasión de poder dar buenas noticias a partir de lo que vemos que la gente puede hacer. Es decir, no todo está perdido. No todo es disfuncionalidad. No todo son conflictos. Hay maneras de recuperar el cuerpo, de vivir el cuerpo a plenitud. Y creo que

---

[115] Ghedin, W. (2014). Sex coaching: ¿Un profesor en tu cama? 28/12/2014, de Clarin X Sitio web: http://entremujeres.clarin.com/pareja-y-sexo/sexo/sexo-pareja-sex-coach-coaching-profesor-clases-sexologo-mejorar-performance-sexual_0_856114473.html

esos modos creativos algunas personas nunca los pierden, los tienen y los desarrollan."[116]

El programa Coaching sexual MX. Placer que inspira

Hoy el sexo y la sexualidad han vuelto a ocupar un lugar prioritario en la subjetividad de las personas y en la dinámica de los vínculos que establecemos. Se sabe más, se difunde, se escucha, se comparte y sin embargo, no necesariamente se disfruta más. Como en cualquier otro comportamiento humano, las personas por lo general evitan el dolor, en lugar de buscar el placer o ir al encuentro del bienestar, y es aquí que el coaching tiene un gran punto de encuentro con el crecimiento integral de las personas en el área de la sexualidad.

El coaching surge de la síntesis de una gran diversidad de disciplinas y técnicas, inicia en el campo del deporte y posteriormente se amplía al campo empresarial demostrando gran éxito para el cambio de comportamientos en beneficio de metas de alto valor, medido por costo beneficio del 500%[117], muy superior a estrategias de capacitación para el fortalecimiento del desarrollo de las empresas[118]. Este éxito se debe primordialmente, a que el enfoque está en la persona, sus potencialidades, deseos, significados e intenciones.

---

[116] Ortiz, V. & Barrios, D. (2013). Placeres y Pareja. México, D. F.: Pax México. P. p. 218.
[117] El Coaching produce un 529% de retorno sobre la inversión y beneficios intangibles significativos para los negocios". (Metrix Global Survey). Citado en: Dossier de divulgación de The International School Of Coaching-TISOC. En Yaaxil a. c. se ha obtenido resultados muy similares en el campo del desarrollo humano y comunitario utilizando las herramientas de coaching.
[118] La formación puede mejorar el desempeño en un 22%. La formación con Coaching mejora el desempeño en 88%." *(The International Personnel. Management Association).*

El Coaching[119] es una forma de relación entre el o la coach y un/a coachee, con base en una nueva interpretación del ser humano, de sus posibilidades de desarrollo y limitaciones. El coaching Ontológico[120], por ejemplo, tiene su capacidad en el dominio del cuerpo, las emociones y el lenguaje. Puede abrirnos posibilidades nuevas en el campo de la sexualidad, ya que se enfoca especialmente en intervenir en la estructura interpretativa de las personas, en sus creencias básicas, imágenes y prácticas habituales.

El coaching es un proceso social, tiene más de 30 años, los que le han valido para posicionarse en un sin fin de profesiones y ocupaciones. Prácticamente su ámbito de acción es toda la actividad humana como lo señala el periodista y coach mexicano Luis Fernando González[121], y la sexualidad no es la excepción, en México ya se cuenta con el primer diplomado en *Coaching Sexual MX* diseñado por mí y avalado por Yaaxil tu ser, desarrollo e integridad A. C. además de otros formatos del programa *Placer que Inspira* que hemos llevado a diferentes estados de la República Mexicana y próximamente a otras partes del mundo, y los cuales cuentan con herramientas del *Coaching Sexual MX*.

Este capítulo, tiene la intención de potencializar la sexualidad de las mujeres, siendo una herramienta que sume a

---

[119] La base del coaching ha sido construida y desarrollada a partir de los aportes de Fernando Flores, Humberto Maturana, J. Searle, J. Austin, Heiddeger, Nietzsche, Gregory Bateson, Paul Wtazlawick, la escuela de Palo Alto, y se nutre de ciencias como la física cuántica, la teoría del caos y la teoría general de los sistemas. La han influenciado la filosofía existencialista (Soren Kierkegaard, Martín Buber, Karl Jaspers, Jean Paul Sartre), la fenomenología de Husserl, la psicología humanista (KurtGoldstein, Carl Rogers, Abraham Maslow) y el construccionismo (Seymur Papert, Jean Piaget).
[120] Su principal expositor es Rafael Echeverría, autor de *Ontología del Lenguaje*, editorial Granica, (2010).
[121] González, L. F., (2014). *Antología del Coaching*. México, D. F.: Coaching en México. P. xvi.

las que he compartido a lo largo de los textos, y a la que he denominado *Coaching Sexual MX*, una herramienta de apoyo para todas las mujeres, que quieran mejorar su vida en todos o algunos de los mundos que hemos revisado, reduciendo los elementos que nos limitan y fortaleciendo aquellas potencialidades ocultas que pueden permitir lograr una vida personal y erótica más satisfactoria y gratificante.

La propuesta de este programa que lleva por título *Coaching Sexual MX*, tiene como "apellido", MX porque la "M", representa a la Mujer y a lo Masculino, lo que significa que es un programa tanto para ellas como para ellos; "X", representa también las posibilidades de vivirse y mostrarse en el mundo distintas al binomio hombre-mujer, femenino-masculino. La "X", tiene significados esotéricos que se alinean a lo que este programa pretende como: la armonía, la balanza; en la matemática esta letra X es el signo de la multiplicación. Su forma es una cruz, esto hace que sea un símbolo de equilibrio, simbolizando la unión de las fuerzas entre el cielo y la tierra lo que hace que sus energías se unan en su centro. La fuerza y energía que da esta letra X, es de intensidad, de audacia y de buscar la novedad y la aventura, lo que favorece la disponibilidad para emprender nuevos comienzos, busca la espiritualidad y tiende a liberarse de lo que le ata. En lo material, la vida sentimental y amorosa es muy importante, está siempre dispuesta a buscar un equilibrio y la perfección, lo que le hace estar siempre dispuesta a cambiar de terreno o camino, creciendo en relaciones, experiencias y progreso.[122]

MX también representa mis bases, marcos éticos-teóricos-metodológicos, y las enseñanzas de mis maestras y maestros mexicanos como: Alma Aldana García, Juan Luis Álvarez-Gayou,

---

[122] Ver: https://wiccareencarnada.net/2014/10/17/significado-esoterico-de-la-letra-x/

Mujer y... ¿Sexualmente reprimida?

David Barrios, Xabier Lizarraga, Eusebio Rubio, entre otras y otros.

Los 5 puntos principales en los que se enfoca el Coaching Sexual MX son:

- Facilitar la auto observación y apoyar a reactivar o fortalecer la vida erótica de las personas, en cualquiera de los cuatro mundos del universo erótico: *el mundo del Yo soy, el mundo de los placeres, el mundo de los amores y el mundo de la creación.*

- Disminuir las barreras psicológicas y creencias limitantes para que mujeres y hombres, amplíen su campo de posibilidades en su vida erótica.

- Brindar herramientas y estrategias poderosas para que las personas las utilicen afectando de manera positiva su vida sexual y relacional.

- Acompañar y trabajar con la persona de manera integral -con sus emociones, sentimientos, pensamientos, percepciones o interpretaciones de la realidad, con su comunicación no verbal, con su cuerpo, con su manera de comunicarse y relacionarse con los demás, con sus valores, sus decisiones y actitudes- para potenciar la consciencia y su actuar en el mundo.

- Promover la transformación para el bien común, el cuidado mutuo, la cultura de buen trato, la consciencia universal y el bienestar, desde el ámbito de la sexualidad.

La rueda sexy

La rueda sexy es una herramienta que he adaptado, de la tradicional *rueda de la vida* que manejamos la mayoría de los coaches; y es un esquema circular, el cual se divide en distintas parcelas, tipo pizza. Cada rebanada representa un aspecto de tu vida, en este caso erótica, lo que te permite tener una visión clara y general de qué es lo que estás creando en tu vida.

Es una herramienta muy simple, pero a su vez muy poderosa, pues podemos percibir gráficamente y de inmediato nuestras áreas de mejora, tomar consciencia de aquello con lo que no nos permitimos avanzar. Además, lo realmente efectivo de este ejercicio es que la realizas y evalúas tú misma. Entonces, el resultado que ves, es simplemente la percepción subjetiva de cómo vives tu vida sexual y de cómo la estás creando. Lo que te apoyará para **tomar decisiones y acciones** que te beneficien.

Los propósitos para utilizar la rueda sexy, son: que reconozcas de manera divertida y amena los diferentes significados, creencias, valores y actitudes que existen en torno a diversos aspectos de tu sexualidad; generes nuevos marcos de referencia poderosos en torno a tu sexualidad que faciliten disfrutar plenamente tu vida erótica de forma integral; definas metas en algunas de tus áreas sexuales, a partir del esquema de "La Rueda Sexy" para tomar decisiones y poner acción de manera inmediata.

Recuerda que la intención es que amplíes tus posibilidades para liberar a la mujer que realmente eres, vivas desde el placer, abras tu corazón al amor y seas una mujer creadoramente responsable.

¿Cómo funciona la rueda sexy?

1) Sencillo, haz un círculo y lo divides primero en cuatro porciones, que representan cada uno de los mundos de la sexualidad.

2) Posteriormente los subdivides en tantas porciones como quieras. Tú determinas cuales son las parcelas que tienen más importancia en la globalidad de tu vida sexual. Aquí te voy a proponer un ejemplo, con la rueda que uso con mis coachees. Puede ser que en tu caso, añadas, quites o modifiques las áreas que te sugiero, al final es tu rueda y la puedes personalizar como quieras.

3) Indicas en una escala de 0 a 10, qué tan satisfecha te sientes con esa área de tu vida sexual. Puedes apoyarte de las preguntas para reflexionar.

4) Unes los puntos y notarás la rueda sexy que generaste.

5) Observa el espacio dentro de la figura que resultó, es tu zona de máximos recursos, donde se encuentran muy probablemente tus historias empoderantes.

6) Nota el espacio que esta fuera de la figura, es tu zona cómoda, apoyada de tus historias debilitantes, aquellas que alimentan a la "víctima" que revisamos en el capítulo anterior.

7) Elige qué área o áreas, trabajarás para mejorar tu vida, te sugiero no más de 3 y empezar con el área de mayor puntaje para fortalecerte más rápido.

8) Para el área elegida, llena el cuadro donde marcarás tu estado actual percibido y tu estado óptimo, es decir aquel en el que estaría bien para ti acceder.

9) La diferencia entre ambos estados representa el número de acciones que es conveniente realices para mejorar esa área, y lograr la meta que deseas.

10) Anota el compromiso que asumes para llegar a tu meta. Por ejemplo, 1 acción por semana, diario, etc. Dependiendo de tu meta.

11) En el ideal sube la puntuación del estado deseado, por ejemplo, si en "amor propio" te evaluaste con 6 y tu estado óptimo sería 8, en el estado ideal puedes poner 9.

12) En la excelencia en ese mismo ejemplo, sería 10.

13) ENN, significa Estado No Negociable, es el nivel que al puntear ahí, puedes experimentar un estado de frustración.

14) Aceptable es la puntuación arriba del estado actual, pero menor a tu óptimo.

15) Puedes hacer una hoja por cada área que desees, trabajar.

Preguntas para la reflexión

El mundo de yo soy

Mi cuerpo sexuado

- ¿Qué tanto me gusta mi cuerpo?
- ¿Qué tan saludable sexualmente se encuentra?
- ¿Acudo regularmente a revisiones para el cuidado de mi salud sexual?
- ¿La relación con mi menstruación es satisfactoria?
- ¿Me agrada la forma, el olor y textura de mi vulva?

Mujer y... ¿Sexualmente reprimida?

- ¿Puedo mirar mi cuerpo desnudo sin juicios?
- ¿Me siento identificada con mi cuerpo?
- ¿Si pudiera modificarlo, lo haría?

Expresión de mi ser mujer

- ¿Me gusta la manera como me muestro al mundo?
- ¿Preferiría cambiar mi manera de mostrarme?
- ¿Me gusta la percepción que los demás tienen de mí?
- ¿Me siento satisfecha con mi femineidad?
- ¿Me siento satisfecha con mi masculinidad?
- ¿Me gustaría expresar con mayor libertad mi femenino y/o mi masculino?
- ¿Me gustaría tener más opciones para mostrarme, que no fuera solo las binarias?
- ¿Estoy en búsqueda de mi propia manera de mostrarme?

Yo soy

- ¿Siento que no he desarrollado todo lo que soy?
- ¿Para lograr mis metas, requiero explorar otras maneras de ser?
- ¿Me gusta mi personalidad?
- ¿Cambiaría algo de mi personalidad?
- ¿Deseo potencializar alguno de los arquetipos femeninos que reconozco?
- ¿Creo que soy mucho más de lo que me dijeron que era por ser mujer?

- Para vivir mis valores requiero fortalecer mi ser_____
- ¿Tengo claro quién soy?

El mundo de los placeres

Mi respuesta sexual

- ¿Me gustaría sentir mayor deseo?
- ¿Disfruto mis relaciones sexuales?
- ¿Puedo llegar al orgasmo?
- ¿Mi pareja sexual y yo disfrutamos las relaciones sexuales?
- ¿Yo disfruto pero mi pareja, quiere más o quiere menos?
- ¿Si pudiera cambiar o mejorar algo de mi respuesta sexual, lo haría?
- ¿Preferiría no tener relaciones sexuales?
- ¿Me gusta autoerotizárme?

Manifestaciones de mi vida erótica

- ¿Mi vida sexual es aburrida?
- ¿Disfruto con mi pareja de la diversidad sexual que compartimos?
- ¿Siento que tengo prejuicios que no me permiten disfrutar la diversidad sexual?
- ¿Me siento culpable por las fantasías sexuales que tengo?
- ¿Tengo fantasías sexuales?
- ¿Me da pena hablar de mis fantasías sexuales con mi pareja sexual?

Mujer y... ¿Sexualmente reprimida?

- ¿Deseo experimentar nuevas manifestaciones pero no sé cómo?
- ¿Si me sintiera segura exploraría alguna otra manifestación de la sexualidad?

Mi sexualidad sagrada

- ¿Me gustaría practicar la sexualidad sagrada?
- ¿Mis prácticas sexuales me parecen mecánicas?
- ¿Me siento utilizada en las relaciones sexuales?
- ¿Me es fácil pedirle a mi pareja lo que quiero que me haga durante la relación sexual?
- ¿Hay partes de mi cuerpo que prefiero que no me toque?
- ¿Tomo un papel activo durante las relaciones sexuales?
- ¿Me gustaría que durara más tiempo la relación sexual?
- ¿Me gustaría que hubiera más caricias y sensualidad cuando tengo relaciones sexuales?

El mundo de los amores

Mis emociones

- ¿Me es fácil reconocer mis emociones?
- ¿Vivo estresada la mayor parte del tiempo?
- ¿Me enamoro fácilmente?
- ¿Creo que en el amor se sufre?
- ¿Me gustaría manejar mejor mis emociones?
- ¿Siento que no he sanado mis heridas?
- ¿Soy celosa?

- ¿Me cuesta trabajo abrir mi corazón?

Amor propio

- ¿Siento que no me amo lo suficiente?
- ¿Soy envidiosa?
- ¿Las personas abusan de mí?
- ¿Me cuesta trabajo poner límites?
- ¿Creo que los hombres son mejores que yo?
- ¿Creo que las personas no valoran lo que hago?
- ¿Me es fácil celebrar mis logros?
- ¿Busco constantemente que me reconozcan?

Vínculos amorosos

- ¿Me gustaría ser más afectiva?
- ¿Desconfío del amor?
- ¿Llevo mala relación con mi madre, padre o ambos?
- ¿Me cuesta trabajo perdonar?
- ¿Mi preferencia sexual me genera conflicto?
- ¿Llevo buena relación con mis exparejas?
- ¿Amo a mi pareja?
- ¿No tengo pareja y me gustaría tenerla?

El mundo de la creación

Mi Reproductividad

- ¿Me siento satisfecha con mi maternidad?
- ¿Desearía ser madre?

Mujer y… ¿Sexualmente reprimida?

- ¿Mi pareja y yo no coincidimos con el deseo de ser padres?
- ¿Ser madre es lo peor que me pudo pasar?
- ¿He abortado y siento que no lo he superado?
- ¿No puedo ser madre y me gustaría serlo?
- ¿Amo ser mamá?
- ¿Me siento una mala madre?

Mis creaciones y proyectos

- ¿Me siento una mujer productiva?
- ¿Me siento frustrada?
- ¿Me gustaría tener más logros?
- ¿He renunciado a mis sueños?
- ¿Tengo muchos sueños?
- ¿Soy una mujer exitosa?
- ¿Me es fácil lograr mis metas?
- ¿Tengo pensamientos pesimistas?

Mi contribución

- ¿Cuido el medio ambiente?
- ¿Contribuyo con causas sociales?
- ¿Hago algún tipo de labor social?
- ¿Soy egoísta?
- ¿Lo único importante es que mi familia esté bien?
- ¿Soy elitista y/o discrimino con facilidad?
- ¿Critico fácilmente?

- ¿Siento que amo al mundo entero?

Estas son algunas preguntas que pueden ayudarte a evaluar tus áreas, tú puedes plantearte otras más, y con ello definir tus metas y objetivos.

Una vez que hayas definido tus objetivos y metas, puedes plantearte las preguntas generales que vienen en la imagen de *bienestar sexual*, para establecer las acciones a seguir y convertirte con ello en la mujer que quieres ser y sexualmente liberada.

Mujer y… ¿Sexualmente reprimida?

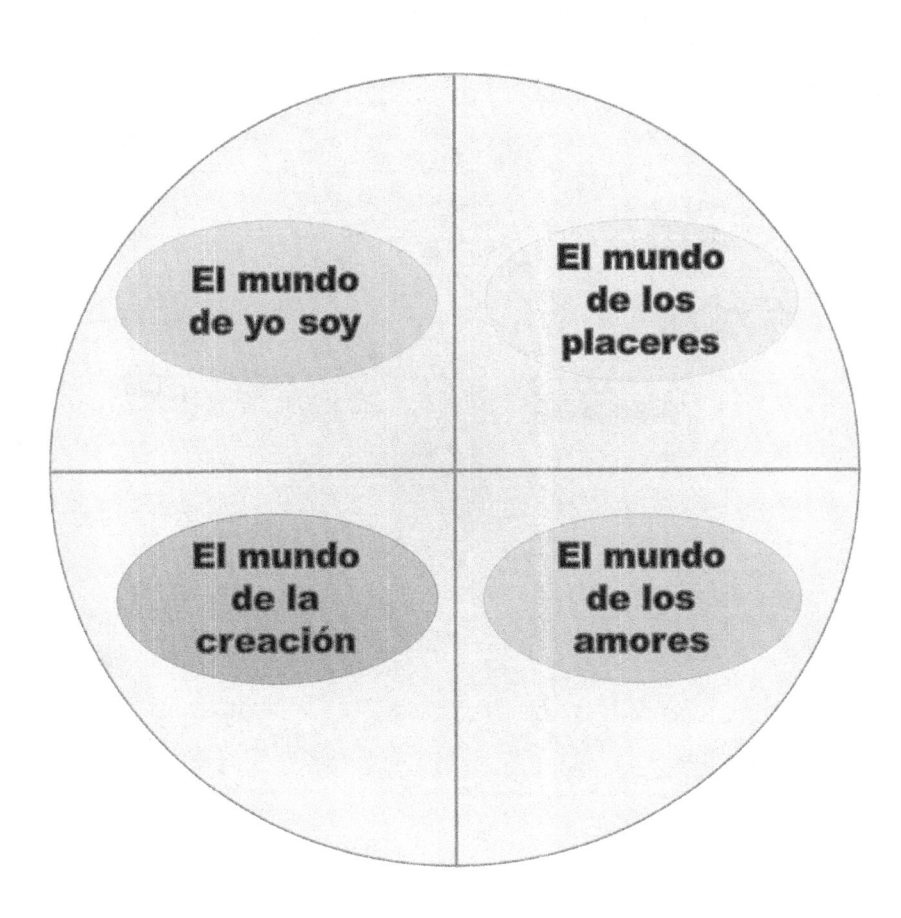

La Rueda Sexy

- El mundo de yo soy
- El mundo de los placeres
- El mundo de la creación
- El mundo de los amores

Verónica Olicón Sánchez

La Rueda Sexy

- Mi cuerpo sexual
- Expresión de mi ser mujer
- Yo soy
- Mi contribución
- Mis creaciones y proyectos
- Mi Reproductividad
- Mis Vínculos amorosos
- Amor propio
- Mis emociones
- Mi Sexualidad sagrada
- Manifestaciones de mi vida erótica
- Mi respuesta sexual

Mujer y… ¿Sexualmente reprimida?

La Rueda Sexy

- Mi cuerpo sexual
- Expresión de mi ser mujer
- Yo soy
- Mi contribución
- Mis creaciones y proyectos
- Mi Reproductividad
- Mis Vínculos amorosos
- Amor propio
- Mis emociones
- Mi Sexualidad sagrada
- Manifestaciones de mi vida erótica
- Mi respuesta sexual

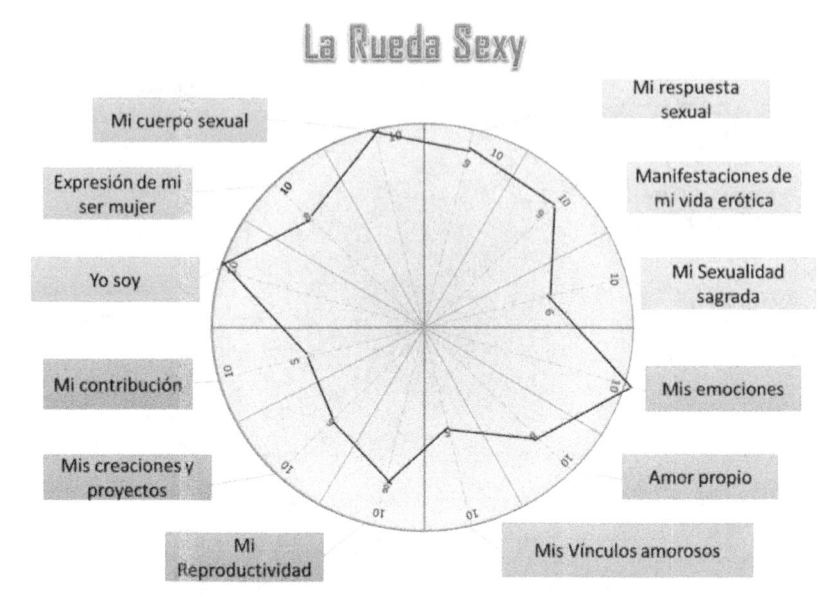

La Rueda Sexy

- Mi cuerpo sexual
- Mi respuesta sexual
- Expresión de mi ser mujer
- Manifestaciones de mi vida erótica
- Yo soy
- Mi Sexualidad sagrada
- Mi contribución
- Mis emociones
- Mis creaciones y proyectos
- Amor propio
- Mi Reproductividad
- Mis Vínculos amorosos

Mujer y… ¿Sexualmente reprimida?

La Rueda Sexy

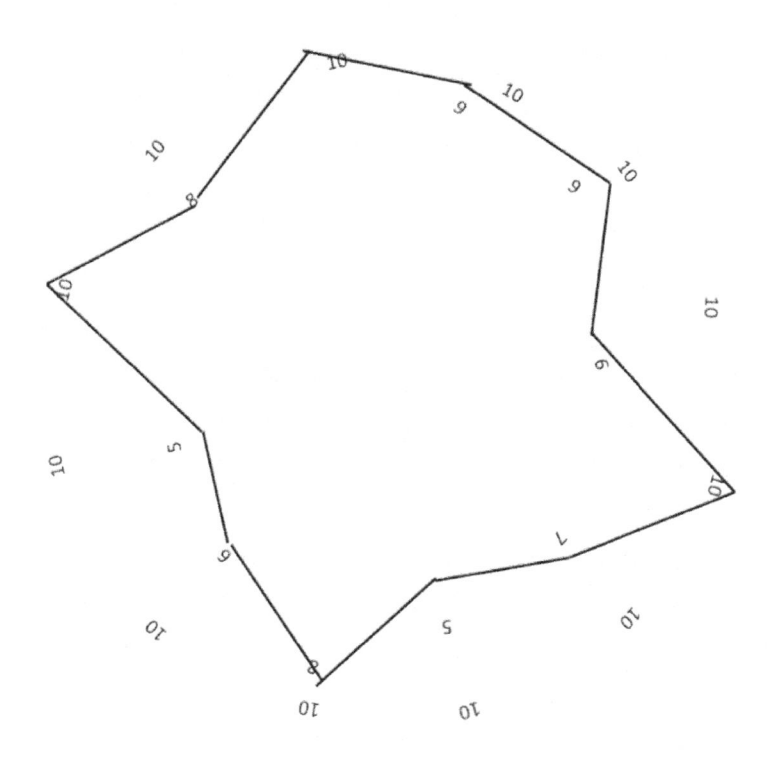

Verónica Olicón Sánchez

La Rueda Sexy

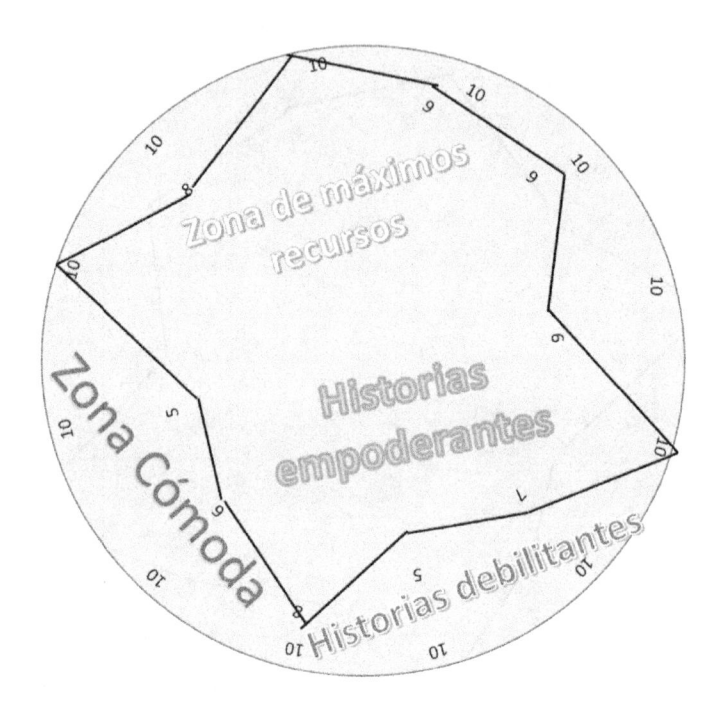

Mujer y… ¿Sexualmente reprimida?

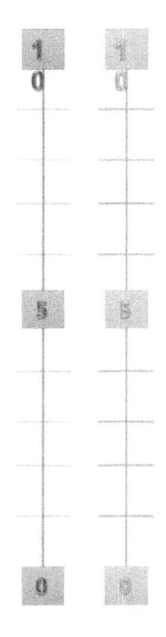

Actual		
Óptimo		
Diferencia		
Compromiso		
Ideal		
Excelencia		
ENN		
Aceptable		

Puedes hacer una hoja por cada área de tu rueda sexy que desees trabajar

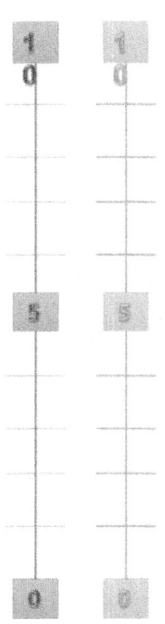

Bienestar Sexual

¿Cómo "Sí" quiero estar?

1. ¿Cuál es el grado de satisfacción que tengo en esta área?
2. ¿Qué tan claro tengo mi Objetivo?
3. ¿Qué estoy haciendo y no me funciona como quisiera?
4. ¿Qué tendría que dejar de hacer para obtener mi Objetivo?
5. ¿Con qué recursos cuento?
6. ¿Cuáles son mis áreas de oportunidad?
7. ¿Quién sí ha logrado un Objetivo parecido al mío?
8. ¿Cómo le hizo esa persona para lograrlo?
9. ¿Eso que hizo lo puedo hacer yo, va con mis normas y valores?
10. ¿En qué mujer me convertiré al lograrlo?

Verónica Olicón Sánchez

Mujer y... ¿sexualmente reprimida?

¡NUNCA MÁS!

REFERENCIAS

Alberoni, F. (2004), *El erotismo*, Barcelona, España, Gedisa.

Alberoni, A., (2000), *Te amo*, Barcelona, España, Gedisa.

Aldana, A. 2018. *Perspectiva de Género en la Psicoterapia Sexual*. En D. Barrios. Primer Encuentro Internacional de Sexología Humanista y Científica, conferencia llevada a cabo en Puerto Vallarta.

Aldana, A., Braun, M., (2009). *Sexo sin dolor. La única guía para entender, tratar y superar el vaginismo y la dispareunia*. México D. F. Grijalbo

Álvarez-Gayou, J.L., (1979), *Elementos Básicos de Sexología*, México, D. F., México: Interamericana.

Álvarez-Gayou, J.L., (1996), *Sexualidad en la pareja*, México, D. F., México: Manual Moderno.

Álvarez-Gayou, J.L., Sánchez, D. G., Delfín, F., (1986) *Sexoterapia Integral*, México, D. F., México: Manual Moderno.

Barrios, D., García, M. A., (2008), *Transexualidad: la paradoja del cambio*. México, D. F., México, Alfil.

Bennett, William J. (1998) *El libro de las virtudes*. Ediciones B Argentina. Buenos Aires, Argentina.

Berg, K., (2015), *Kabbalah para Mujeres, Dios usa lápiz labial*, Los Ángeles, CA., Estados Unidos, Kabbalah Centre International.

Bourbeau, L. (2015), *La sanación de las heridas*, Málaga, España. Sirio.

Butler, J. (2006), *Deshacer el Género*, Paidós, Barcelona, España.

Butler, J. (2016), *El Género en Disputa*. Libro electrónico (epub), Paidós, Barcelona España.

Calle, R., (2016), *Amor Mágico y la sexualidad sagrada*, Málaga, España, Sirio.

Chávez, O., (2008), *Sexualidad, paradigmas y prejuicios*. En: https://epicuro615.files.wordpress.com/2008/08/sexualidad_paradigmas_y_prejuicios.pdf

Chopra D. (2006). *Sincrodestino*. Editorial Santillana. México.

Dispenza, J. (2018), *Sobrenatural. Gente corriente haciendo cosas extraordinarias*. Madrid, España: Urano.

Corona, E. (1994). Identidades de Género: En Busca de una teoría. En: *Antología de la Sexualidad Humana*. Tomo I. Consejo Nacional de Población- Miguel Ángel Porrúa. México.

Dyer, W. (2005). *El poder de la intención*. Nuevas Ediciones de Bolsillo. México.

Echeverría, R. (2010). *Ontología del lenguaje*, Buenos Aires, Argentina: Granica.

Ferrara, G. (2018), *Documento para la Maestría en sexualidad tántrica*, envío 3; Escuela Internacional de Iluminación Guillermo Ferrara.

Ferrara, G. (2012), *Rediseña tu vida. Cómo vivir luego de 2012: Efectúa cambios, potencia tu ADN y crea tu realidad*, México D. F.: Alamah.

Frazzetto, G. (2014). *Cómo Sentimos. Sobre lo que la neurociencia puede y no puede decirnos acerca de nuestras emociones*. Barcelona, España. Anagrama.

Goleman, D. (2017), *La Inteligencia Emocional*, México D. F., México, Ediciones B.

Gotwald,W., Holtz,G. (1983). *Sexualidad, la Experiencia Humana*, México, D. F., México: Manual Moderno.

González, L. F., compilador, (2014). *Antología del Coaching*. México D. F., México. Granica.

Hierro, G. (1994), *Ética y sexualidad*. En: *Antología de la Sexualidad Humana*. Tomo I. México D. F., México: Consejo Nacional de Población- Porrúa.

Lallena, R. (2015), *El Big Bang y el origen del universo, La teoría más ambiciosa jamás pensada*, Madrid, España, EDITC.

Lipton, B. (2017), *La Biología de la Creencia. La liberación del poder de la conciencia, la material y los milagros*. Madrid, España. Gaya Ediciones.

Lizarraga, X. (2016), *El Comportamiento a través de Alicia, Propuesta teórico-metodológica de la Antropología del Comportamiento*, México, D. F., México, Instituto Nacional de Antropología e Historia.

Lizarraga, X. y Juárez, L. G., (1989), Entorno al Concepto de Sociodistonia y las Preferencias Sexo-eróticas. En: *Estudios de Antropología Biológica. IV. Coloquio de Antropología Física "Juan Comas"*, México D. F.

Lizarraga, X. (2012), *Semánticas Homosexuales. Reflexiones desde la antropología del comportamiento*, México, D. F., México, Instituto Nacional de Antropología e Historia.

Magdala, I., (2018), *Los misterios de lo femenino para hombres y mujeres. Una herramienta para aumentar tu vibración y abrir tu corazón*. Kepler, Madrid, España.

Muradep, L. (2013). *Coaching para la transformación personal. Un Modelo*

integrado de la PNL y la Ontología del Lenguaje, México D. F., México, Granica.

Nussbaum, M. C., (2014), *El cultivo de la humanidad. Una defensa clásica de la reforma en la educación liberal*, Barcelona, España: Paidós

Olicón, V. Patrón, M. L. (2012), *Manteniendo Relaciones Constructivas Entre Mujeres y Hombres Comprometid@s.*

Manual de Promotoras. Puebla, Pue. México. Yaaxil A. C. Yoltli A. C. XasastiYolistli.

Olicón, V., Barajas, G. y Bernal, M. (2011). *Promotoras Indígenas para la prevención del Vih/Sida en el Estado de México. Manual para promotoras*, México, D. F., México: Yaaxil.

Orantes, A. (2011). *¡Ahora lo haré mejor!, Las 6 motivaciones en tu vida.*México D.F., México.

Ortiz, V. y Barrios, D. (2013), *Placeres y parejas. Sexualidad, erotismo y cuerpos*. México, D. F. Editorial Pax México.

Paz, O., (2014), *La llama doble. Amor y erotismo*, México, D. F., Galaxia Gutenberg.

Pick, S., Givaudan M. Olicón V. (2000). *Mis decisiones, mis capacidades, mi vida*, México D. F., México: Idéame.Pp. 26-28

Rubio E. (1994). Introducción al estudio de la sexualidad humana: Conceptos básicos en sexualidad humana. En: *Antología de la Sexualidad Humana*. Tomo I. Consejo Nacional de Población- Miguel Ángel Porrúa. México.

Ruíz, M. *Los cuatro acuerdos* (s/f). Ediciones Urano.

S. S. El Dalai Lama, Ekman, P. (2013). *Sabiduría Emocional*, Barcelona, España. Kairós.

Sanz, F. (2003), *Los vínculos amorosos*, Barcelona, España: Kairós

Sanz, F. (2016), *Buentrato. Como proyecto de vida*. Barcelona, España: Kairós

Serlowsky, S., (2014), *El oráculo de las diosas. El despertar de lo femenino*. Grijalbo, México, D. F.

Shibley, J., DeLamater, J. D. (2006). *Sexualidad Humana*, México, D. F., México: McGraw-Hill.

Soler, J. Conangla, M. M., (2013). *Ecología Emocional*. España. Amat Editorial.

Tennov, D. (1981). *Love and limerance*. Scarborough, Steint Day: N. Y.

Weeks, J., (1999), *Sexualidad*. México D. F., México: Paidós.

Yurén, M. T. (1995), *Eticidad, Valores Sociales y Educación*, México, D. F., México: UPN.

Internet:

https://www.actuall.com/familia/hombre-mujer-no-seas-anticuado-ahora-puedes-elegir-entre-31-identidades-sexuales/

https://www.harpersbazaar.com/es/cultura/viajes-planes/a318711/tantra-mucho-mas-que-una-practica-sexual/

http://www.contraelamor.com/

https://www.algoalternativo.com/shiva-shakti-una-historia-amor/

https://www.facebook.com/EhUniverso/videos/vl.47339 3983056095/197725790975770/?type=1

https://www.gob.mx/cms/uploads/attachment/file/3231 10/Declaratoria_AVGM_Guerrero.pdf

http://www.monografias.com/trabajos23/intencionalida
d/intencionalidad.shtml#ixzz2YidnuH2g

http://entremujeres.clarin.com/pareja-y-sexo/sexo/sexo-
pareja-sex-coach-coaching-profesor-clases-sexologo-mejorar-
performance-sexual_0_856114473.html

https://wiccareencarnada.net/2014/10/17/significado-
esoterico-de-la-letra-x/

Made in the USA
Coppell, TX
29 November 2023